大数据时代
企业管理会计发展探析

刘洋◎著

时代文艺出版社
SHIDAI WENYI CHUBANSHE

图书在版编目（CIP）数据

大数据时代企业管理会计发展探析 / 刘洋著. -- 长
春：时代文艺出版社, 2023.11
ISBN 978-7-5387-7432-0

Ⅰ.①大… Ⅱ.①刘… Ⅲ.①企业会计－管理会计－
研究 Ⅳ.①F275.2

中国国家版本馆CIP数据核字(2024)第021651号

大数据时代企业管理会计发展探析
DASHUJU SHIDAI QIYE GUANLI KUAIJI FAZHAN TANXI

刘洋 著

出 品 人：吴　刚
责任编辑：孟宇婷
装帧设计：文　树
排版制作：隋淑凤

出版发行：时代文艺出版社
地　　址：长春市福祉大路5788号　龙腾国际大厦A座15层　（130118）
电　　话：0431-81629751（总编办）　0431-81629758（发行部）
官方微博：weibo.com/tlapress
开　　本：710mm×1000mm　1/16
字　　数：233千字
印　　张：15
印　　刷：廊坊市广阳区九洲印刷厂
版　　次：2023年11月第1版
印　　次：2023年11月第1次印刷
定　　价：76.00元

图书如有印装错误　请寄回印厂调换

前　言

随着我国市场经济的繁荣发展，企业竞争日益激烈，传统财务会计管理体系已不足以支撑企业长远健康发展。管理会计在企业经营管理与发展过程中扮演着越来越重要的角色。许多企业将管理会计与财务会计相融合，取长补短，融合两者优势，不仅能够提升企业财务管理工作质量与效率，而且能够有效改善企业内部管理工作效率，加强内部风险防范。管理会计与财务会计融合发展成为现代企业提升经济效益目标的重要途径。

管理会计是一门以会计学和现代管理科学为基础，以强化企业内部管理为目的，对企业经营全过程进行规划、控制和考核的新兴学科。它吸收了现代管理科学的理论与方法，是会计学科与管理学科的有机结合，管理会计主要是为企业改善经营管理、提高企业经济效益服务的。西方管理会计萌生于20世纪初，从发展历程看，它是随着经济社会环境、企业生产经营模式以及管理科学和科技水平的不断发展而逐步发展起来的。20世纪80年代，西方管理会计理论和方法被引入我国。21世纪，在经济全球化以及互联网技术快速发展的背景下，着重挖掘财务信息中的价值创造的潜力成为企业的迫切任务，由此逐步形成了以价值管理为核心的管理会计理念。

本书在撰写过程中参阅了大量相关专著、教材等资料，吸取了其中宝贵的经验，在此向相关作者表示诚挚的谢意。由于时间紧迫，加之水平有限，书中缺点和不足在所难免，请学界同仁批评指正，以便今后修订。

目　录

第一章 大数据概述

第一节 大数据时代

随着互联网、云计算、移动互联网等信息技术的发展，网络空间成为继陆、海、空、天之后的第五大空间，承载了越来越多的人类活动，而数据是连接网络空间与现实空间的纽带，是网络空间的核心要素。国际数据公司（IDC）发布的《数据时代2025》显示，2018年全球数据量为33泽字节，预计2025年将达到175泽字节。我国预计2025年增长到48.6泽字节，在全球数据量中的占比将从24.4%增长到27.8%，成为第一数据大国。我们已经进入了一个大数据时代。

根据《牛津英语词典》，1941年就有了"信息爆炸"一词；1961年，德里克·普赖斯出版的《巴比伦以来的科学》指出，新期刊的数量呈指数增长，而不是呈线性增长，每15年翻一番，每半个世纪增长10倍；1990年9月，彼得·J·丹宁在美国《科学》杂志上发表的《拯救一切》中提出："信息流的速度和数量淹没了我们的网络、存储设备和检索系统以及人类的理解能力。"当前，伴随着信息技术的不断发展，大数据及相关技术已经成为时下热点，引起了各行各业工作者的深入思考和研究。笔者认为，大数据时代具有如下特征：

一、信息化发展以数字化、网络化和智能化为主线

大数据是信息技术发展的必然产物，更是信息化进程的新阶段，其发展推动了数字经济的形成与繁荣。在此之前，信息化已经历了两次高速发展的浪潮，第一次是始于 20 世纪 80 年代，由个人计算机大规模普及应用所带来的以单机应用为主要特征的数字化（信息化 1.0）；第二次是始于 20 世纪 90 年代中期，由互联网大规模商用进程所推动的以联网应用为主要特征的网络化（信息化 2.0）。当前，我们正在进入以数据的深度挖掘和融合应用为主要特征的智能化阶段（信息化 4.0）。在"人机物"三元融合的大背景下，以"万物均需互联、一切皆可编程"为目标，数字化、网络化和智能化呈融合发展的新态势。

在信息化发展历程中，数字化奠定基础，实现数据资源的获取和积累；网络化构建平台，促进数据资源的流通和汇聚；智能化展现能力，通过多源数据的融合分析呈现信息应用的类人智能，帮助人类更好地认知复杂事物和解决问题。可以说，不断汇聚的数据、不断更新迭代的网络平台以及不断智能优化的逻辑算法推动了信息化的不断升级与发展。

二、无限增长的数据资源

数据从人类社会出现就有，从计算机发明到现在也已经有 70 多年的历史。为什么到近十多年来，数据热才出现呢？究其原因主要有以下几方面：

（一）通信网络和数据采集设备的广泛普及应用使数据呈现井喷式增长

信息通信技术的突飞猛进，计算机技术的迅速发展，电脑、移动终端、各类数据采集设备的不断普及迭代，为数据时代的到来奠定了基础。每个社会主体甚至非生命体都是数据的生产者和采集者，数据量爆发式增长，

吸引了全球各行各业的目光，成为新时代的热点。从世界范围来看，华为的报告《全球产业展望 GIV2025》指出，相比 2018 年，预计到 2025 年，全球所有联网的设备总数将从 340 亿增长到 1000 亿。其中，全球个人智能终端数量将从 200 亿增长到 400 亿，智能手机数量将从 40 亿增长到 80 亿，可穿戴设备数量将从 5.5 亿增长到 80 亿，智能家居等也会快速增长。人均日通信流量将从 2GB 增长到 4GB 以上，其中人均日移动通信流量将从 0.15GB 增长到 1GB。

（二）网民规模的不断扩大和移动智能设备的广泛应用使每个人都成为数据生产者

从我国来看，根据中国互联网络信息中心（CNNIC）2019 年 8 月发布的第 44 次《中国互联网络发展状况统计报告》，截至 2019 年 6 月，我国网民规模达 8.54 亿，互联网普及率达 61.2%，手机网民规模达 8.47 亿，我国网民使用手机上网的比例达 99.1%。

与此同时，智能设备也被更广泛地应用。根据《中国统计年鉴（1998—2019）》，从 1997 年到 2018 年，我国电话普及率从 7 部 / 百人增长到 126 部 / 百人，移动电话普及率从 0.3 部 / 百人增长到 112.2 部 / 百人。由智能设备的广泛应用而衍生出的应用场景不胜枚举，每个人都参与到了数据的生产和传播过程中。

（三）数据处理技术的不断革新使数据增长值成为可能

云计算、大数据、人工智能、区块链等技术的蓬勃发展，以及各种新理念、新应用、新需求的不断涌现，为数据价值的释放提供了更多可能。云计算成为重要信息基础设施，推动资源集约化、运行高效化。

云计算具有按需自助服务、无处不在的网络接入、与位置无关的资源池、快速弹性、按使用付费等显著优势。政府、企业、各类组织等社会主体不再需要单独部署存储计算设备，利用云平台可以更加合理地动态调配云服务资源，提高资源利用效率。在企业云方面，2018 年 8 月，工业和信息化部印发了《推动企业上云实施指南（2018-2020）》，引导企业运用云计算加快数字化转型升级。中国信息通信研究院（简称信通院）发布的《云计算发展白皮书（2019）》显示，截至2018年12月，全国已有上海、浙江、贵州等20多个省市出台了企业上云政策，明确了工作方向和内容。

人工智能技术是研究开发用于模拟、延伸和扩展人的智能的理论、方法、技术及应用系统的一门新的技术科学。试图通过了解智能的实质，生产出一种新的能以与人类智能相似的方式做出反应的智能机器。人工智能的应用和发展已成为全球趋势。我国于2017年发布了《新一代人工智能发展规划》（国发〔2017〕35号）并提出"三步走"战略目标：第一步，到2020年人工智能总体技术和应用与世界先进水平同步，人工智能产业成为新的重要经济增长点，人工，智能技术应用成为改善民生的新途径，有力支撑进入创新型国家行列和实现全面建成小康社会的奋斗目标；第二步，到2025年人工智能基础理论实现重大突破，部分技术与应用达到世界领先水平，人工智能成为带动我国产业升级和经济转型的主要动力，智能社会建设取得积极进展；第三步，到2030年人工，智能理论、技术与应用总体达到世界领先水平，成为世界主要人工智能创新中心，智能经济、智能社会取得明显成效，为跻身创新型国家前列和经济强国奠定重要基础，作为新一轮科技革命和产业变革的重要驱动力，我国已经把人工智能发展放在国家战略层面，系统布局、主动谋划，牢牢把握人工智能发展新阶段国际竞争的战略主动，打造竞争新优势、开拓发展新空间。

区块链在促进数据共享、优化业务流程、降低运营成本、提升协同效率、建设信任体系等方面具有显著优势，"区块链+"成为时下热门，在金融、政务等领域得到广泛应用。例如，南京建设了基于区块链的电子证照共享平台，以解决传统中心化的证照库采集和应用权责不分、数据可能被篡改等问题。杭州互联网法院引入司法区块链，让电子数据的生成、存储、传播和使用全流程更加可信。

此外，移动互联网、虚拟现实、物联网等新技术也都为数据的应用创新和价值释放带来了新的想象空间，为组织结构重组、流程再造、服务方式创新提供了技术支撑，尤其是在公共政策定量推演、政府投资精准化管理、VR 交互办事大厅、全场景智能化监控等领域具备了更加丰富广阔的发展空间。

第二节　数据与大数据的本质特征

一、数据的特征

数据作为一种新型生产要素，具有独特的自然属性和社会属性。

（一）一种新型生产要素

数据古来有之，随着信息化的不断发展，数据在不同的阶段数据的社会属性也在不断发生变化，在社会中的地位也日益重要。

1. 驱动现实的重要力量

最初的信息时代以单机应用为主要特征，数字化办公和计算机信息管理系统逐渐取代了纯手工处理，将现实世界中的事物和现象以数据的形式存储到网络空间中，主要是一个生产数据、存储数据的过程。数据的主要作用在于准确描述现实，数据是记录自然、生命、人类行为、社会发展的重要载体。

自 20 世纪 90 年代开始，互联网应用成为信息化发展的主要特征，"互联网 +"成为新范式，互联网政治、经济、文化、社会等各领域的快速融合加速了数据流通与汇聚，数据呈现出海量、多样等一系列特征。在这个阶段，人们逐步认识到数据的重要作用，基于数据分析、挖掘而产生的各类应用逐渐兴起，网上购物、社交平台、电子地图、智能导航等各类应用平台纷纷进入人们的视野,"数据+"平台不断革新人们的工作、消费、互动、出行、办事等生产和生活方式,成为改变现实的重要力量之一。

当前,数据不断产生、计算、分析和应用,成为网络空间不停流动的血液和知识经济的原材料,数据的大体量、多维度、及时性等特征更加明显,数据蕴含的价值更值得期待,各类企业、部门加快了数据的聚合、处理、分析和应用。数据成为反映现实、优化管理、科学决策的主要依据,也成为驱动现实发展的重要力量。

总体来讲,从数字时代到网络时代再到智能时代,数据的作用也逐渐从描绘现实向改变现实进而向驱动现实转变,信息技术由最初经济发展的辅助工具演变为引领经济发展的核心引擎。

2. 重要的社会生产要素

当前人类社会已经进入数字时代,在农业时代,土地是关键生产要素;工业时代以劳动、资本、技术作为关键生产要素;数字时代最显著的特征则是以数据作为关键生产要素,进而催生出一种新的经济范式——数字经济:随着数据收集、存储和处理成本的大幅下降,计算能力的大大提高,采集、管理、分析和利用好各种海量数据已成为国家、地区、机构和个人的核心能力之一,数据流可以引领技术流、资金流、人才流不断汇聚与重组,逐渐改变国家或地区的综合实力,重塑战略格局。可以说,数据资源的多寡和利用情况的好坏已成为一个国家、一个地区软实力和综合竞争力的重要标志。

中共十九届四中全会审议通过的《中共中央关于坚持和完善中国特色社会主义制度、推进国家治理体系和治理能力现代化若干重大问题的决定》(以下简称《决定》)中提出健全劳动、资本、土地、知识、技术、管理、数据等生产要素由市场评价贡献、按贡献决定报酬的机制。这是国家层面首次增列"数据"作为生产要素,数据资源的重要地位得以确立。这反映了随着经济活动数字化转型加快,数据对提高生产效率的乘数作用凸现，成为最具时代特征的新生产要素的重要变化；体现出新时期背景下我国制度的与时俱进，数据作为新生产要素从投入阶段发展到产出和分配阶段；标志着我国正式进入了数据红利进一步释放的阶段，数据将作为生产要素参与到市场的投入、管理、产出、分配等各个阶段。

借用吴军博士在《智能时代》里的观点："如果我们把资本和机械动能作为大航海时代以来全球近代化的推动力，那么数据将成为新一轮技术革命和社会变革的核心动力。我们应该在这样一个高度上理解大数据，以及由它带来的全球数字化、智能化革命。"

（二）体量巨大、增长迅速

随着信息技术的蓬勃发展，社交平台、电商平台、搜索引擎等平台工具的广泛使用，以往所不能获取的文字、方位、沟通、心理等内容都被数据化，并产生"取之不足，用之不竭"的数据，数据量由以前的 GB 和 TB 级别，发展到如今的 PB 和 EB 级别。

另外，与传统的数据载体不一样，纸质媒体的传播速度非常有限，而互联网在线使得数据的产生和传播速度变得非常快，每天都会有很大量级的数据被高速地创建、移动、汇集到服务器上，这对数据处理平台和技术都提出了更高的要求。大数据的处理响应时间非常短，一般要在秒级的时间范围内给出结果，时间意味着价值，数据处理速度越快，意味着传播速度越快，就能在越短的时间内做出反应，从而具有先发优势。

面对如此大规模的数据量，迫切需要新的技术和平台来处理这些数据，进而对数据进行统计、分析和预测。在数据量少的时候，人们只能通过部分样本来预测分析，如今数据量已经达到了很大的量级，人们可以使用全样本的数据来进行统计、分析和预测。如今，数据量的限制正在消失，通过无限接近"样本＝总体"的方式来处理数据，我们会获得很大的好处，能更快速地了解一个事物的大致轮廓和发展脉络，这是大数据带给我们的巨大惊喜。

(三) 多维复杂的天然属性

数据是具有多个维度的。以服装为例,它具有材质、大小、价格、生产厂家、适用季节、适用性别、适用年龄等多种属性。再结合网民的访问终端是手机还是电脑、手机或电脑的型号、上网时间、历史访问记录、定位信息等,通过不同的组合,可以推断出特定网民的消费习惯、年龄、学历、生活状态等不同分析结果。数据的多维度、多层次的属性应用到社会经济生活的各个领域中,可以加速流程再造、降低运营成本、提高生产效率、加速供需信息匹配、提高产业链协同效率,从而放大生产力乘数效应,创造更大的价值。

数据还具有复杂性。以行为数据为例,人的行为具有适应性。所谓适应性,指人的行为是依据后己对事物的认知,主动适应环境的结果。行为数据是无数个体的适应性行为通过系统进行记录、存储在数据库的集合。人的认识是不断建构、迭代的,从人类行为轨迹可以看出,数据的产生遵循这样一个过程:当人们接受外部环境的刺激时,做出反应并产生某种行为,通过系统或平台进行记录,继而在某个数据库中留下某个数据,进而刺激其他个体的某些行为并留下相应的数据,对这些数据的学习改变了认知结构,从而产生新的进一步的行为,这些行为又刺激了更多数据的产生……这个过程将会是无穷无尽的。行为数据具有复杂性的原因在于人们行为之间的适应性相互作用,而这样的相互作用会形成多样化的数据记录。再加之,由于人们接受的外部环境刺激不同,因此做出的反应和形成的记录也不同,再加上记录的系统工具不同,进一步应用的场景不同,从而使得数据结构也不尽相同,呈现出文字、图像、音频、视频等不同形式,在内容逻辑层面也出现看似杂乱无章的情况。但这些看似杂乱无章的数据其实是有章可循的,当我们进行关联性分析比对时,就能发现蛛丝马迹。例如,当将个人的姓名、身份证号码、电话号码、所使用的手机品牌、移动支付的账号、购物的习惯、笔迹、指纹等数据进行关联性分析时,就能得出很多清晰的结论。正是这些能基于杂乱数据，为各项工作寻找到最科学答案的智能化算法，成为当下和未来一段时间内大数据技术的攻破重点，也是数据企业的核心竞争力所在。

（四）依赖平台存在的无形资源

与传统资源不同，数据具有虚拟性、无形性，依靠平台而存在。只有将数据存储在相应介质上并通过设备显示，数据才能以更直观的方式被人们感知、度量、传输、分析和应用，数据质量的好坏、价值的高低才可能被评估。数据的虚拟性、无形性特点决定了数据的管理有别于传统生产要素的管理模式：

1. 数据管理与数据平台管理不可分割；

2. 数据的价值与平台算力、算法模型密切关联；

3. 数据无法从平台单独剥离，从而倒逼现行资产管理法律法规升级完善。

综上所述，伴随着 5G、云计算、大数据、互联网、物联网等信息技术的创新突破，万物皆能产生数据，数据间皆能关联，数据正在爆炸性地增长着。我们畅游在数据海洋中，将走入"万物互联、万物智能"时代，也必将推动传统思维模式、生产方式等产生巨大变革。

二、大数据的特征

当前，较为统一的认识是来自互联网数据中心（IDC）对大数据的定义，包含四个基本特征：规模性（Volume），多样性（Variety），高速性（Velocity），价值性（Value），即所谓的 4V 特性。

一是数据规模大，据 Tech Web 报道：一天之中，互联网产生的全部内容可以刻满 1.68 亿张碟；发出的邮件有 2940 亿封之多，相当于美国两年的纸质信件数量；发出的社区帖子达 200 万个，相当于《时代》杂志 770 年的文字量；1.72亿人登录Facebook，耗费的时间总计47亿分钟，上传2.5亿张图片，如果都打印出来相当于80座埃菲尔铁塔的高度。

二是数据种类多，数据的多样性体现在三个方面。首先，数据来源多，分为社交网络、搜索引擎、传感器数据、通话记录、位置信息等；其次，数据类型多，分为文本、音频、视频、光谱、图片等；再次，数据格式多，分为结构化数据和非结构化数据，相对于以往便于存储的以文本为主的结构化数据，非结构化数据越来越多，这些多样性的数据对数据的处理能力提出了更高的要求。如何像处理结构化数据那样，方便、快捷地处理非结构化数据，是信息产业一直以来努力的方向之一。

三是高速性，一方面指数据不断更新，增长的速度快；另一方面要求数据访问、处理、交付等速度快。每一天的每一分钟里，从网络购物、打电话、上网冲浪到访问社交网站都会产生大量的新数据口一幅名为"数据永不眠"的图片让读者了解到数据的增长速度到底有多快。一分钟内，谷歌收到超过400万次搜索请求；E-mail用户发送超过2亿封电子邮件；腾讯微信用户发送超过1000万条信息；Facebook用户分享超过200万条内容；Apple用户下载应用超过4万次；Instagram用户发送新图超过20万张；Amazon购物网站完成超过8万美元的网络销售额。随着数据呈爆炸的形式增长，新数据的不断涌现，人们对于数据处理的速度提出了更高的要求，数据处理的时效性高，才能使得大量的数据得到有效的利用。如果数据并未得到有效的处理，就没有了其存在的价值。此外，随着移动网络的发展，人们对数据的实时应用需求更加普遍，对数据的响应时间也更加敏感，大多希望能在第一时间抓住重要事件发生的信息，比如通过手持终端设备关注天气、交通、物流等信息。心理学实验证实，从用户体验的角度，瞬间是可以容忍的最大极限，对于大数据应用而言，很多情况下都必须要在1秒钟内形成结果，否则处理结果就是过时和无效的，这就是人们所说的"1秒定律"。这一特征也是大数据与传统数据挖掘技术有着本质不同的关键分界点。

　　四是价值密度低，通常，大量的非传统数据中往往隐藏着有用的信息，难点在于确定哪些数据有用，然后转换和提取这些数据进行分析，获取有价值的信息，但是发挥价值的仅是其中非常小的部分。这就好比淘金一样，在一大堆沙子中人们也许只能得到那么一点点金，而就是这一点点金才具有价值。以当前广泛应用的监控视频为例，银行、地铁等一些敏感的地点，摄像头都是 24 小时运转，在不间断的监控过程中，会产生大量的视频数据，一般情况下，这些视频数据可能是无用的，并不会引人注目，但对于某一特定的应用，比如获取犯罪嫌疑人的体貌特征，有效的视频数据可能仅仅只有一两秒，却给公安人员带来非常大的价值。因为无法在事前知道哪一秒会有用，只好把所有的视频数据都保存下来，甚至保存了一年的数据，只有那一秒对破案有用。但是在研究人类行为的社会学家眼中，这些视频数据可能就是难得的第一手资料，也许可以借此窥探人类的某些行为模式。所以大数据的价值密度低是指相对于特定的应用来说的，信息有效与否是相对的，数据的价值也是相对的，对于某些应用是无效的信息而对于另外一些应用却有可能至关重要。如果转变思维方法，将这些数据重新组合和处理，其潜在的价值之大难以估量。

　　大数据的 4V 特性使得大数据区别于传统的数据概念。大数据的概念与"海量数据"不同，后者只强调数据的量，而大数据不仅用来描述大量的数据，还更进一步指出数据的复杂形式、数据的快速时间特性，以及对数据进行专业化处理并最终获得有价值信息的能力。

第三节　从数据资源到数据资本

　　如前所述，数据资源是一种重要的生产要素，在不同阶段、不同场景中，数据将具备资源、资产、资本的不同属性。

一、数据资源

马克思和恩格斯曾说："劳动和自然界在一起才是一切财富的源泉，自然界为劳动提供材料，劳动把材料转变为财富。"马克思和恩格斯的话既指出了自然资源的客观存在，又把人（包括劳动力和技术）的因素视为财富的另一不可或缺的来源。可见，资源的来源及组成不仅是自然资源，而且包括人类劳动的社会、经济、技术等因素，还包括人力、智力（信息、知识）等资源。根据百度百科，资源是指自然界和人类社会中可以用以创造物质财富和精神财富的具有一定量的积累的客观存在形态，如土地资源、矿产资源、森林资源、海洋资源、石油资源、人力资源、信息资源等。

对比资源的定义，我们可以看出，数据是一种重要的资源，具有明确的来源（包括人、社会组织、企业以及各类动物、非生命体等），可以被有效地采集获取（例如，政府基于履职需求，采集人们的个人信息、行为信息），是一种可被量化的客观存在。另外，将采集到的数据基于数据平台进行加工、开发与应用可带来巨大的价值，包括物质财富和精神财富。目前，数据作为一种重要资源，已经得到社会各界的广泛认可。

二、数据资产

随着数据价值被普遍认可，数据资产也越来越成为一个重要议题。根据《企业会计准则一基本准则》第二十条："资产是指企业过去的交易或者事项形成的、由企业拥有或者控制的、预期会给企业带来经济利益的资源。"其中，"企业过去的交易或者事项"包括购买、生产、建造行为或其他交易或者事项，预期在未来发生的交易或者事项不形成资产；"由企业拥有或者控制"是指企业享有某项资源的所有权，或者，虽然不享有某项资源的所有权，但该资源能被企业所控制；"预期会给企业带来经济利益"是指直接或者间接导致现金和现金等价物流入企业的潜力。《企业会计准则——基本准则》第二十一条还提出："符合本准则第二十条规定的资产定义的资源，在同时满足以下条件时，确认为资产：（一）与该资源有关的经济利益很可能流入企业；（二）该资源的成本或者价值能够可靠地计量。"

由上述资产的界定来看，资产具有现实性、可控性和经济性三个基本特征。现实性是指资产必须是现实已经存在的，还未发生的事物不能称为资产；可控性是指对企业的资产要有所有权或控制权；经济性是指资产预期能给企业带来经济效益，且资产的成本或者价值能够被可靠地计量。

结合资产的特征，由于数据的确权问题、成本及价值的可靠计量等问题，在现行法律框架下，数据资产尚无法体现在企业的财务报表中。但当前，企业所掌握的数据规模、数据鲜活程度，以及采集、分析、处理、挖掘数据的能力决定了企业的核心竞争力。探索将数据以资产管理方式进行管理和评估，还需要不断探讨和深化。

三、数据资本

舍恩伯格在他的新书《数据资本时代》中指出，在海量数据市场上，数据的价值将全面赶超货币，数据将是未来市场的基础。数据资本化的过程，就是将数据资产的价值和使用价值折算成股份或出资比例，通过数据交易和数据流动变为资本的过程，但这个过程还需要不断地探索，与实物资本不同，数据资本也有自身的特性。例如，非竞争件，即实物资本不能多人同时使用，但是数据资本由于数据的易复制特点，其使用方可以无限多；不可替代性，即实物资本是可以替换的，人们可以用一桶石油替换另一桶石油，而数据资本则不行，因为不同的数据包含不同的信息，其所包含的价值也是不同的。

　　香港交易及结算所有限公司集团行政总裁李小加认为，中国的经济已经进入数字化时代，海量的数据已经离"资本"很近了。比如，很多大平台已经开始高度利用获取的数据通过大数据和人工智能得到产品，得到更新的服务。但当前，仍然面临数据孤岛、灰色黑色交易，数据与资本之间的"传输""算力""人工智能""产品"在确权、定价、标准、存证、信用体系、溯源和分润、收益分配方面都有很大的不确定性。只有在源头与最终结果之间有了清晰的利益准则和分配标准，资本才会源源不断地落入每个环节。

　　由于数据资源、资产、资本的概念问题在理论上尚处于不断探索完善的阶段，因此本书后续论述中对数据资源、资产等概念不做明确的区分。但值得一提的是，无论将数据作为资源、资产还是资本，数据价值的发挥都在于汇聚、打通及利用。数据"活"于流动之中，只有在互联互通中，才能最大限度地挖掘和释放数据的价值。

第四节　大数据的价值

　　数据古来有之，最初仅作为记录事物的载体，承载着记录、通信、文化传承的作用。近年来随着数据的爆发式增长，大数据的价值进一步凸显，从本质上体现为提供了一种人类认以复杂事物的新思维和新手段。从理论上而言，在足够小的时间和空间尺度上对现实世界数字化，可以构造一个现实世界的数字虚拟映像，这个映像承载了现实世界的运行规律。在拥有充足的计算能力和高效的数据分析方法的前提下，对这个数字虚拟映像的深度分析将有可能理解和发现现实复杂系统的运行行为、状态和规律。应该说大数据为人类提供了全新的思维方式和探知'客观规律、改造自然和社会的新手段，这也是大数据引发经济社会变革的最根本的原因。

一、带来思维方式的变革

数据爆炸带给人们的最大改变莫过于思维方式的革新，即向人们提供了一种认识复杂事物的新思路、新手段。

（一）从机械思维向数据思维转变

17 世纪以来，机械思维是指导我们生产和生活的主要思维体系，机械思维认为所有事物都是具有确定规律的，这些规律都可以用简单的公式或者语言表达，具有普适性，可以作为各种未知领域的基本规律。机械思维的基本方法论即通过观察和分析获得数学模型的雏形，然后利用数据进一步验证，从而细化和优化模型形成基本规律。因此，最具代表性的有欧几里得的几何学、托勒密的地心说以及牛顿的自然科学现论。机械思维带领我们进入了工业时代，瓦特的蒸汽机、爱因斯坦的相对论、现代医药学等都是机械思维的伟大产物。

由于人们认识世界是具有时代局限性的，因此机械思维也存在局限性，即否认世界存在不确定性，正如爱因斯坦的名言"上帝不会掷骰子"一样，机械思维体系中所有影响事物的要素都是可以预知和确定的。但随着社会经济的不断发展，人们对事物的认知逐渐清晰，尤其是越来越多的规律被逐一总结和归纳后，人们发现事物是存在很多不确定性的，影响事物的变量、参数特别多，通过规律无法解决所有事情。比如，掷骰子的时候我们无法精准预测哪一面会朝上，因为这取决于掷骰子的人出手时的力量、高度、角度、空气的质量、风的速度、骰子的材质、骰子着落位置的弹性等各种各样的复杂因素。再比如，股市投资，尽管投资者可以获得社会经济环境、所投资行业情况、上市公司经营状况、股票的历史走势等各类经济数据，但依然无法保证股票投资稳赚不赔。原因就在于世界的不确定性，我们无法精准测量每一类要素的参数及其可能的变化，也无法预测是否还有其他新的要素未被发现。

大数据时代的到来为解决世界的不确定性提供了新的思路和手段。正如电商平台基于对大量用户购买行为数据的分析，可以精准地预测用户的性别、年龄、消费水平、生活状态（上学、结婚、生子）等情况，可以形成用户网像，为用户更加精准地推送所需产品和服务，但如果电商平台拥有的数据很少，上述精细化的分析和推送也就无从谈起。过去，由于数据量少，即使有了数据、有了分析，不确定性也很难消除，这也是大数据在当代繁荣的原因之一。

新时代，要"懂得大数据，用好大数据"，应具备三方面的能力：一是要理解大数据的内涵。认识到大数据不仅是体量巨大的数据集，更多强调的是多源数据的聚集关联后所形成的某个领域的数据全集，对多源数据的充分融合和深度挖掘是大数据价值实现的重要途径。二是要建立大数据思维方法。在大数据时代，信息技术和数据深入渗透到经济社会的方方面面，"数字化生存"的时代已经到来，为了更好地建立概念、解决问题、推理和决策，需要具备与数字化和"以数据为中心"相匹配的新思维方式。三是要学习和掌握运用大数据的相关技能。掌握获取数据、分析数据、应用分析结果解决问题的基本方法。同时，也要认识到大数据理论和技术都还处于发展的早期阶段，远未成熟，在利用大数据分析的结论辅助决策时，仍需保持谨慎态度，批判性思维先行。

（二）从集中流程化向分布协同化转变

数据带给人们思维的另一个转变是从过去的集中流程化向分布协同化转变。

在工业时代，由于人们获取信息的渠道较少、信息传播速度较慢，信息获取具有不均衡性，管理层往往接受过更好的教育，能更及时、全面地获取信息、知识以及上级指令。在这种背景下，工业流程强调上层管理，地域边界、行业边界被强行划开，形成条块化的管理架构。通过上层的集中管理，将发展愿景和工作目标不断细化并拆解为一个个阶段任务，然后按照阶段任务组建部门、设置岗位，制定标准化的生产流程。每个部门的每个人只要按照岗位职责和工作流程完成自己的工作，整个工作目标也就实现了。

在这种模式下，各个环节相对独立，不需要团队的每个人都了解整体愿景和目标，每个人只需专注于自己的领域，各司其职。这种模式有效地保障了工作的专业性和高效性，尤其对于安全级别较高的业务，能更有效地规避安全风险，提升防范力度。

进入数字化时代之后，互联网为人们构建起了蜂巢式的结构，任何个体之间都可以实现点对点的连接和互通。随着通信网络技术的不断迭代发展，数据流动更加迅速，整个社会的受教育程度、信息透明度、知识和信息获取能力均不断提高。在工业时代，由信息获取不均衡造成的上层管理的信息权威性逐渐弱化，传统的流程化价值链暴露出了如下缺陷：

一是条块分割、各自为政，无法形成合力。不同组织、同一组织不同单元之间形成了数据壁垒、烟囱林立，每个个体的价值取向都朝自己的关键绩效指标看齐，而不是朝着团队总体的发展愿景看齐，占资源、抢平台、怕担责、踢皮球等现象屡见不鲜，信息交互能力较差、工作效率较低、工作质量不高。而在数字时代，人们的判断和决策依靠更高效的数据交互、更全面的数据分析，传统的流程化价值链显然无法适应创新发展的时代需求。

二是环节拆解、专业分工压抑了学习成长的积极性。传统的流程化价值链致力于将完整的业务链条进行细化拆解，每个个体负责固定的环节和模块，在提升业务专业性的同时，也固化了思维模式。随着数字时代的到来，全社会的生产要素、生产关系不断更新迭代，固有的知识体系和思维模式无法满足不断裂变的数字经济要求，新时代对人们全面学习能力、信息筛选能力、知识构建能力提出了更高的要求，而这些是传统的流程化价值链无法满足的。

数字时代需要更加高效、敏捷、扁平化的价值链条，打通数据烟囱，消除数据孤岛，重塑组织架构。

这种同心圆价值链具有如下特点：

第一，共同愿景和目标是核心驱动力。每个个体、每个组织单元都参与价值链的构建，都能充分了解整体发展愿景与目标，在完成自身任务的同时，都能向发展目标看齐。驱动整个组织向前发展的不再是强有力的命令或指令，而是基于对共同愿景的认可，赋予每个个体或单元相应的信任、权利、责任，形成统分结合、权责清晰的共建共享共治的工作机制。

第二，数据是组织运行的重要生产要素。通过数据安全、有序的流通，推动资本、人才、技术等要素不断重组和优化，提升组织竞争力，推动整个组织愿景和目标的实现。

第三，监督和评价是贯穿整个组织各项活动、全生命周期的必要制度。价值链中的每个体系、单元甚至整个组织都要接受监督和评价，监督和评价方式可以是行政监督、社会监督、自我评价、交叉评价、第三方评价等，不一而足。

（三）从独家占有向共享共赢转变

过去，人们生产和生活的目标及习惯在于获得生产资料的所有权。因温饱需求买房子、买衣服，因阅读需求买书籍、买报纸，因出行需求买自行车、买机动车，人们通过获取生产资料的所有权而享受完整的占有、使用、收益、处分的权利，从而提升生活的安全感。而进入大数据时代后，人们获取生产资料的所有权意识逐渐弱化，分享、共享成为新常态。

根据马斯洛需求层次理论，人类具有生理需求、安全需求、社交需求、尊重需求和自我实现需求五类。这五类需求依次由较低层次到较高层次排列。人们在满足生理、安全基础需求后，会不断追求社交、尊重和自我实现这些更高层次的需求，而这些需求的满足均依托于社会参与和交互，信息分享是促进社会参与和交互的直接方式之一。

过去，人们通过信件、电报、电话等方式进行分享，在进入数据时代后，人们的交互方式逐渐发展为各种各样的线上社交平台，如微信、微博、抖音、快手等。线上社交平台不仅为公众提供了即时通信服务，更为广大网民提供了展现自我、实现自我的平台，人们的分享意愿被充分激发。

当人们将照片、文字等分享到社交平台之后，这意味着这些信息成为网络的共享资源，网络上的其他人也可以使用。凯文·凯利在其著作《必然》中用"数字社会主义"来描述这一现象，"新兴的数字社会主义不同于老式的社会主义，它借助网络通信技术运行在没有边界的互联网上，催生了贯穿全球一体化经济的无形服务"。互联网平台通过对这些共享信息进行分类、贴标签、加关键词来方便平台用户更好地查找这些信息，从而基于这些已有信息资源创造出更丰富、更有创造性、更有价值的信息内容。

在分享方式变化的同时，我们还可以看到获取方式也发生了变化。我们通过网站看电影、听音乐，但并没有电影、音乐的所有权；阅读电子图书时我们并不拥有图书的所有权，但是我们可以通过网络获取无限量的电子图书，我们每天使用的东西都远多于我们拥有的东西。随着数据时代的到来，数据推动了各类资源高速运转与重组，加速了社会经济从生产产品向优化服务转变，极大地丰富了我们的物质和精神文化资料，我们可获取的东西越来越多，但大部分东西我们都不具备所有权。在数字时代，对资源的独家占有不再像以前那么重要，对资料的使用诉求却在逐渐攀升。

二、优化公共服务模式

随着社会经济的发展、信息革命的不断推进，数据与技术相结合，带来了整个社会服务体系的优化，为人们提供了比以往更加便捷化、高效化、智能化的服务体验。

（一）从被动走向主动

过去政府、企事业单位面向公众提供服务的出发点在于公众，即由公众发起诉求，政府、公共企事业单位被动地做出响应。长期以来的被动式服务带来的最大弊端在于服务供给方对社会公共需求的了解有限，服务模式僵化、服务内容贫瘠、服务链条无法整合，不利于国家治理体系的健全和完善，更无法充分彰显社会主义制度的优越性。

随着数据的累积以及信息技术的应用，大数据成为"解码"公众需求、提升服务温度的"利器"，通过对交通数据的监测分析，可以直观了解到不同时段交通的拥堵情况，从而制定对应的疏解对策，为未来交通道路优化建设提供参考；将食品和药品的"来龙去脉"记录在二维码中，方便公众了解食品和药品的产地、环境、真伪，使公众用得放心、吃得安心；通过互联网政务服务平台的网上服务、互动交流等渠道，可以及时发现公众办事的热点、堵点、痛点，提升服务的精准化、人性化水平。2018 年，国家发展和改革委员会联合新华社、中国政府网分领域、分批次面向社会公开征集群众办事的 100 个堵点、难点问题。多个省（自治区、直辖市）人民政府签署了承诺书，根据实际全力以赴地疏解百姓群众办事堵点，并确保堵点解决情况的真实性和准确性，进一步提升政务服务水平，切实增强人民群众的获得感。北京、上海、贵州等城市已经解决了堵点问题，受到了广大群众的好评。

值得注意的是，在利用大数据提升公共服务福祉的同时，还要以国家安全和个人信息保护为底线，既要善用大数据优化公共服务，又要为数据利用建好防护堤。

（二）从窗口走向指尖

过去人们获取服务大多需要前往特定的场所，结合自身需求寻找对应窗口，获取所需服务和产品。在数字时代，人们获取服务的习惯已经逐渐发生了变化，通过互联网、手机随时随地进行购物、支付、订餐、约车等，减少了过去"窗口服务"所带来的逛街逛到腿软却一无所获、排队等待遥遥无期、环境嘈杂却无法回避等问题，根据 CINNIC 发布的《中国互联网络发展状况统计报告》，2016—2019 年间，我国网上购物人数由约 4.5 亿增长到 6.4 亿，增长率达 42%；网上外卖用户规模由约 1.5 亿增长到 4.2 亿，增长率为 180%；网上旅游预订用户由 2.6 亿增长到 4.2 亿，增长率为 62%。

另外，当前，"放管服"改革不断向纵深推进，互联网政务服务体系逐步建立与完善，各地政府大刀阔斧地优化政务服务体系和模式，力求解决群众办事难、办事慢、多次跑、来回跑的问题，以网上办、指尖办、上门办等方式使人们的服务体验得到显著提升。例如，贵州省开展群众办事痛点疏解行动，全省"零跑腿"事项达 4.5 万项，贵阳市等地区行政审批时限较法定时限压缩 60% 以上，群众办事需提供材料减少 35%。"国家医疗健康大数据西部中心""中国（贵州）智慧广电综合试验区"加快建设，大数据在教育、医疗、旅游、交通等领域的深入运用取得新成效。省市县乡远程医疗服务总量达 60 万余例。这些应用和实践为政务数字化转型提供了良好的探索与示范。

三、推动治理体系和治理能力现代化

在大数据时代，基于大体量、多维度的数据资源，高性能存储、运算、分析能力，以及更加智能的算法模型，社会经济各个要素之间的关联性更容易被发现。大数据技术成为政府治理生态的关键要素，正在重塑和改造着政府的治理行为，成为优化组织管理模式、健全法律制度、创新治理手段的内在驱动力，从而推动治理体系向更高效能、更高质量、更低成本发展，从根本上提升国家治理能力。

（一）优化组织管理模式

信息化最初是政府实施现代化管理的工具。我国政府自 20 世纪 90 年代开展电子政务建设，积累了大量数据，这些数据体量大、权威性高。但由于过去电子政务是以部门行政职能划分来确定电子政务功能的，因此电子政务项目也根据各部门的自身需求独立组织实施，如国家税务总局的金税工程、海关总署的金关工程、公安部的金盾工程等基本都由各个部门依据职能独立建设，建成之后形成了部门内部垂直的"条状"业务系统、业务专网和数据资源，过去的信息化管理模式有以下特点：

第一，数据被各个部门独立占有，不共享、不开放，降低了安全风险，但也无法进行业务协同。

第二，每个部门、每个信息系统都有自己的数据库、应用软件。由于建设时期、建设主体、应用领域各不相同，因此各类业务数据标准不一、结构各异，数据重复录入严重，"数据烟囱"林立。

第三，数据没有与需求、流程、制度、法律相结合，形成有序的管理模式，这也是公众"办事难"的关键。

虽然现在来看，过去条块分割的建设模式具有不少弊端，但在当时的管理体制、技术条件下，这些工程在国家开展宏观调控、市场监管、社会管理方面发挥了巨大作用，也为各地优化公共服务奠定了基础。

随着政府职能定位由管理型政府向服务型政府转变，电子政务的作用也不仅限于将政务活动电子化，向且需要面向公众服务需求进行调整与变革。随着社会经济的迅速发展，人们的流动性增大、社会活动日益增多，跨地区、跨行业、跨层级办事的需求日益迫切，对部门协同、数据共享提出了更高的要求。需要变革电子政务建设管理模式，对政府业务活动进行优化，对跨部门、跨行业的网络资源、系统资源和数据资源进行重组，让电子政务投入产出效能达到最优。

面对日益增多的跨地区、跨行业、跨层级、跨部门办事的需求，传统的条块化信息化建设管理模式已经相对滞后。以数据资源的"聚、通、用"为目标，倒逼政府各部门打破行政壁垒，由过去的碎片化、项目式发展方式向集约化、效能型发展模式转变。这种模式有以下特点：

第一，统筹协调的工作机制是基础。明确数据统筹管理的牵头部门，统筹管理、协调、监督、评估信息化建设工作。

第二，责权清晰的管理体系是核心。明确界定了各个业务部门的职责，形成建设管理合力，有效规避了"过度集中"造成的"甩手掌柜"现象和可能面临的安全隐患。

第三，监管与评价体系是保障。既要守好安全底线，又要保障应用实效，建立健全权利与义务相统一、风险与责任相关联、激励与惩戒并重的制度是形势所趋。

（二）推动法律制度健全

如前所述，数据资源有别于传统资源，大数据技术在助力政府高效解决社会问题的同时，也面临诸多问题。包括但不限于如下几方面：

一是数据确权问题。作为一种新生事物，数据属于何种权利、应配置哪种权利内容和责任义务尚未明确。但数据的确权问题却关系着数据社会地位的确立、社会分配方式的制定等，还需大力探索。

二是数据安全风险。数据本身具有可复制、易传播的特点，大量行为在虚拟世界中发生，国家、个人、企业和其他组织的信息面临安全风险，数据应用的边界、不同主体敏感信息的边界等问题尚需探索和完善。

三是侵权追责问题。由于每个人都是数据的采集者、传递者和消费者，因此数据的整个流通环节多、线程复杂，当发生数据泄露时，如何进行问责、惩戒也是下一步需要明确的问题。

四是收益分配问题。数据源于每个生命体或非生命体，以个人数据为例，单个个体的数据在个人手中的价值是很小的，只有形成集聚效应，再加上优秀的算法模型和信息技术平台才能产生应有的价值，因此在数据产品或服务产生了增值效应后，如何进行定价与利益分配也是亟须解决的问题。

由此可见，大数据的发展与应用为法律制度的建立与完善提出了新命题。

（三）创新社会治理手段

大数据技术为社会治理提供了更为精准、高效的手段，主要表现在以下几方面：

一是有效提升对治理对象的认知水平。科学治理有赖于对现状的清晰掌握。一个国家的社会经济活动涉及诸多领域，具有范围大、规模大、情况复杂等特点。在过去，由于监管了段缺乏，政府监管中越位、缺位、错位现象时有发生，监管效果不够理想。大数据以其处理速度快、时效性高、数据样本巨大等特点，准确动态地反映客观现实，大大提升了管理者对社会现象的认识水平，为社会治理奠定了良好基础。

二是有利于推进决策科学化、民主化。在大数据时代，参与主体多元、信息来源多样、数据关联复杂。个人、企业、其他组织均能便捷、迅速地与政府"对话"，参与国家治理。政府的决策思维、范式和方法得到了优化，推动政府决策更加民主、科学。

四、赋能全社会经济高质量发展

数据的另一个重要价值是催生出了一种新的经济范式——"数字经济"。数字经济以数据为关键生产要素，以现代信息网络为重要载体，以信息通信技术的有效使用力效率提升和经济结构优化的重要推动力，是以新一代信息技术和产业为依托的新经济形态。

（一）数字经济的特征

从构成上看，农业经济属单层结构，以农业为主，配合以其他行业，以人力、畜力和自然力为动力，使用手工工具，以家庭为单位自给自足，社会分工不明显，行业间相对独立；工业经济是两层结构，即提供能源动力和行业制造设备的装备制造产业，以及工业化后的各行各业，并形成分工合作的工业体系。数字经济则可分为三个层次：提供核心动能的信息技术及其装备产业、深度信息化的各行各业以及跨行业数据融合应用的数据增值产业。当前，数字经济正处于成型展开期，将进入信息技术引领经济发展的爆发期、黄金期。

从另一个视角来看，如果说过去 20 多年互联网的高速发展引发了一场社会经济的"革命"，深刻地改变了人类社会，那么现在可以看到，互联网革命的上半场已经结束。上半场的主要特征是"2C"（面向最终用户），主战场是面向个人提供社交、购物、教育、娱乐等服务，可称为"消费互联网而互联网革命的下半场正在开启，其主要特征将是"2B"（面向组织机构），重点在于促进供给侧的深刻变革，互联网应用将面向各行业，特别是制造业，以优化资源配置、提质增效为目标，构建以工业物联为基础和以工业大数据为要素的工业互联网。作为互联网发展的新领域，工业互联网是新一代信息技术与生产技术深度融合的产物，它通过人、机、物的深度互联，全要素、全产业链、全价值链的全面链接，推动形成新的工业生产制造和服务体系。当前，新一轮工业革命正拉开帷幕，在全球范围内不断颠覆传统制造模式、生产组织方式和产业形态，而我国正处于由数量和规模扩张向质量和效益提升转变的关键期，需要抓住历史机遇期，促进新旧功能转换，形成竞争新优势。我国是制造大国和互联网大国，对于推动工业互联网创新发展具备丰富的应用场景、广阔的市场空间和巨大的推进动力。

（二）数字经济未来趋势

在未来，数字经济将呈现以下趋势：

一是以互联网为核心的新一代信息技术正逐步演化为人类社会经济活动的基础设施，并将对原有的物理基础设施完成深度信息化改造和软件定义，在其支撑下，人类将极大地突破沟通和协作的时空约束，推动平台经济、共享经济等新经济模式快速发展。以平台经济中的零售平台为例，百货大楼在前互联网时代对促进零售业发展起到了重要作用。而从 20 世纪 90 年代中后期开始，伴随着互联网的普及，电子商务平台逐渐兴起。与要求供需方必须在同一时空达成交易的百货大楼不同，电子商务平台依托互联网，将遍布全球各个角落的消费者、供货方连接在一起，并聚合物流、支付、信用管理等配套服务，突破了时空约束，大幅减少了中间环节，降低了交易成本，提高了交易效率。

二是各行业工业互联网的构建将促进各种业态围绕信息化主线深度协作、融合，在完成自身提升变革的同时，不断催生新的业态，并使一些传统业态走向消亡。如随着无人驾驶汽车技术的成熟和应用，传统出租车业态将可能面临消亡。其他很多重复性的、对创新创意要求不高的传统行业也将退出历史舞台。2017 年 10 月，《纽约客》杂志报道了剑桥大学两名研究者对未来 365 种职业被信息技术淘汰的可能性分析，其中电话推销员、打字员、会计等职业高居榜首。

三是在信息化理念和政务大数据的支撑下，政府的综合管理服务能力和政务服务的便捷性持续提升，公众积极参与社会治理，形成共策共商共治的良好生态。

四是信息技术体系将完成蜕变升华式的重构，释放出远超当前的技术能力，从而使蕴含在大数据中的巨大价值得以充分释放，从而带来数字经济的爆发式增长。

第五节　大数据与财务会计转型

一、大数据背景下财务会计现状

在传统的企业财务会计工作日常过程中，财务人员需要频繁地对企业运营过程中产生的各种财务数据和财务资料进行收集和归纳，而这些烦琐并且效率很低的工作给财务人员造成了非常大的压力。例如，编制并审核企业每个月度的财务报表、编制年度财务报表等。这部分琐碎复杂的工作很大程度上消耗了财务工作人员最有效率的工作时间和最有洞察力的那部分精力，由于财务工作者这部分有效率的精力被这部分落后的工作内容占据，他们就很难在工作中精炼出财务数据中包含的潜在价值，这在很大程度上形成了当今许多企业运营成本不断增高而其财务部门的工作效率却没有质的提升的尴尬局面，这些企业的财务人员仍然把有限的效率时间用于传统的工作，而这对企业的健康运营和长远发展势必会造成不利影响。

除此之外，每套财务数据背后都蕴藏着非常巨大的潜力和商业价值，而这些价值并没有被传统的财务工作方式挖掘出来，这就造成了财务数据之间的联系性被削弱，更进一步使信息之间的交互作用被削弱，出现信息孤岛的现象，财务数据中隐藏的潜在经济价值就这样被浪费了。然而，在如今大数据技术日益成熟发展的大环境下，各种交叉学科不断发展，衍生出了形形色色的许多新技术，例如人工智能系统已经开始实践运用到财务工作中，这就给传统的财务工作带来了巨大的挑战和机遇。

通过以上内容我们可以得出这个结论，传统的财会工作在如今大数据技术的冲击下已经产生了不可抗拒的变化。许多基础而浪费精力的财务工作交给大数据智能系统处理，使企业财会人员可以脱离烦琐基础的数据收集和归纳工作，把主要精力放在蕴含更高价值的财务管理和战略制定工作上。这样不仅使财务人员的价值得到更充分的发挥，工作更有效率，也使财务数据中的隐含价值在信息技术的分析下表达得更为透彻和具体。在信息科技的辅助下，企业财务人员可以进行更有效率、更高速的统计，从而快速分析出企业运营管理核算中存在的漏洞和弊端，揭示出企业的短板之处，进一步可以为高层管理人员提供企业经营走势、税务筹划和财务预算等更有价值高度的信息，辅助管理层做出最优化的企业运营相关决策。

二、大数据背景下财务会计转型的意义

（一）更加符合市场经济发展的需求

如今市场转型愈发快速，市场需求的变化亦表现出更高的不稳定性，由此使市场竞争也更加剧烈和广泛。此外，企业所提供服务的同质化愈加严重，这就使市场上相同的产品基数变大，从而导致产业被同一个服务体系所限制，进而削弱其应对突发事件的能力，削弱企业的应变能力。一旦发生意料外的事件就会给企业造成巨大的经济损失。企业要想在市场中顺利发展，其自身的运营能力是至关重要的要素，企业要想获得更丰富充足的客户资源，就要把市场调研放在关键战略地位上，掌握市场的实时动态，不断发掘潜在客户资源，增加客户数量，使企业的营销面更加广阔，从而为企业带来更丰厚的经济效益。企业作为市场中的关键一员，在进行决策活动时必然会受到市场经济的深远影响，其必然要顺应市场规律规则才能完善其投资规划，使投资活动的效率更高。

（二）传统财务会计难以满足处理大量数据的要求

促使财务会计向管理会计转变的关键因素是对传统的财务会计来说，要处理大量信息数据的要求是很难达到的，因此传统财务会计已经很难追逐时代发展的脚步。当今各种新兴技术层出不穷，数据的增长速度也与日俱增，但是部分企业的信息处理能力却并未随着时代的发展而步步跟进，这样对企业的长远发展非常不利，长此以往，这部分企业就会逐渐与时代脱节，被时代抛弃。为了阻止这种不利局面的发生，企业的财会人员不仅要给予基础信息重要关注，同时更要明确账目资料、着重关注资源优化配置、参与制订企业的远期发展规划，不断优化企业的发展路径，以使其在价值创造环节创造出更大的价值。

（三）优化计算机综合发展水平

计算机技术的不断发展进步是财务会计向管理会计转型的基础，如今

计算机硬件设施和软件设施不断更新升级，从而可以使企业财会工作者的工作更加简洁和有效率，以此保障企业管理会计工作能科学有效地开展实施。如今计算机技术不断推陈出新，许多企业都没有完全认识到及时更新电子设备的重要之处，这将负面作用于企业的综合发展，因此企业必须制定完善妥帖的应对措施以应对这种不利局面，为企业发展营造积极高效的良好局面，从而稳固保障企业的长远高效运营。

（四）降低财务风险

财务会计向管理会计的转型已经是实现发展进步的必由之路。财务会计向管理会计的转型可以为财务数据的准确性提供更高的保证，同时也能降低核算错误率，从而可以使企业面临更低的财务风险，有利于保障企业的资产运营安全，维持企业的健康运营和长远发展。

（五）促进企业可持续发展

管理会计作为现代企业会计活动中至关重要的一环，无论对于企业的长远发展还是战略决策活动都有着举足轻重的作用。管理会计通过相关信息技术对财务信息和数据进行挖掘、整理、加工、分析，可以预测企业未来的发展趋势，监控企业的核算运营活动。当前企业都要面对企业整体转型的大形势，有转型自然会产生优胜劣汰，为了在这种错综复杂的大环境下使企业继续存续运营，企业必然需要充分认识并利用大数据技术，加快财务会计向管理会计的转型，同时还要给予管理会计更高的战略地位，在企业中更广泛地运用管理会计，使其在众多转型企业中处于有利地位，促进可持续发展。

三、大数据背景下财务会计转型策略

（一）完善大数据管理系统

根据最近的调查统计结果显示，企业的日常核算业务以及日常报销审批流程中，其中70%的业务流程已经可以实现自动化，20%的业务流程已经能够半自动化，仅剩10%的业务流程仍然是人工流程。由此可以知道，现在财务管理实现自动化已经成为财务管理工作不可或缺的保障和后盾，而近年来新兴的大数据技术，作为一种信息技术，能够为企业财务自动化管理提供强大的技术支撑并且能够提高企业的财务管理工作效率。在这种大环境下，企业可以通过完善企业的大数据管理平台来进一步完善财务系统中的大数据管理平台，企业可以通过对大数据技术的充分利用，实现对企业财务数据的精准归类和有效筛选，从而实现对数据的深入分析，能够较大程度地避免人为操作方面的失误，为实现财务会计向管理会计的成功转型奠定了坚实的基础。

在大数据背景下，企业想要实现财务会计的成功转型和发展，除了要分析企业日常运行所需要的各项信息内容之外，还要对各项信息加以整合，从而对企业的具体运行状况有所了解，分析企业的运营风险以及存在的隐患，企业可以通过大数据、云计算等方式对企业的经营方式进行完善，从而能够帮助企业合理地规避财务风险和隐患，并且可以提高企业的管理效率，然后为企业的持续发展奠定基础。

（二）及时转变思想观念

企业管理层应紧跟时代的步伐，及时转变思想观念。在大数据背景下，企业需要对财务会计的工作职能范围进行拓展，在企业的实际工作当中应结合大数据技术所带来的应用优势，精准分析企业财务数据，并根据数据对结果进行分析和筛选，制订出适合的成本运作方案，从而使企业经济效益有所提高，为企业管理层提供参考数据，有助于企业确认发展的大方向。传统的财务会计在体现企业的经营状况时，通常只是利用财务报表以及企业的资金收支情况，但这些数据在反映企业当前的资金流动状态时通常不够客观，企业管理层无法切实掌控企业的资金流向、资金运作等方面的信息，也无法针对企业的具体情况制订适合企业的远景规划，这样一来，极易影响企业的健康发展。因此，企业管理层应及时对思想观念加以转变，并且财务管理人员应提高收集数据信息、分析处理数据信息以及高效管理数据信息的能力，企业财务会计也需要提高对新型管理理念的认同感，从而使企业能够顺利实现财务会计向管理会计的过渡和转型。

（三）拓展数据收集渠道

传统的财务报表通常是时点报表，即只反映企业某一经营时点的会计信息，通常显示的是会计科目余额的年初数和年末数，但是对企业来说，企业的经营发展是会随时改变的，企业的经营发展处在一个实时变动的过程中；同样，企业的财务信息也始终处于一个随时会发生变化的动态模式中，所以企业所需要关注的应当包括但不限于每年 12 月 31 日的财务信息，即企业的资产负债情况、企业的利润情况以及企业的现金流量情况，企业还应将注意力放在能够全方位、多角度地反映企业一整个经营年度的经营状况以及资产流动情况的财务信息上。这些财务信息会在很大程度上帮助企业决策层对企业未来发展趋势进行预测，也会作为重要依据帮助企业进行未来发展规划的制订。在这种情况下，企业决策层应当逐渐把财务预算和财务决算有关工作的总结和分析作为关注的重点。在能够尽可能保证财务数据准确无误的前提下，财务管理人员更应该把财务数据的收集流程作为关注的重点，财务管理人员还应该定期组织企业各部门开展关于财务协调的会议，进一步促进企业各部门间的合作以及交流，并且企业能够通过各部门开展财务协调会议的方式，收集各部门关于资金流动与使用情况的相关信息，并将各部门的财务报表数据与财务协调会议的会议结果相结合，结合后的信息能够提供更多具有利用价值的数据信息，为财务数据的精准分析提供更多帮助。

（四）健全大数据培训体系

迄今为止，企业的财务管理人员已经开始出现"新老并存"的情况，而其中大多数企业这种态势更是走向了双向极端，较有资历的财务管现人员的思想意识往往比较传统，思想意识的先进性比较缺乏，对大数据等新兴技术的接受度也比较低，应用新兴技术的能力也相对较差；而年轻的管理人员通常资历较浅，岗位管理经验也相对缺乏，专业技能也相对较弱。企业可以通过建立健全财务大数据专业技术培训体系的方式，加快企业财务会计向管理会计的积极转型，也为财务管理人员能够尽快适应新角色打下基础。日益健全的财务大数据专业技术培训体系中应当包括管理会计所需要的知识，例如大数据知识、财务管理知识等内容，培训体系还应注重个人职业素养的培养，企业应该为在培训中表现优秀的管理会计提供机遇，例如有机会参与派遣学习、有机会参与经验交流、有机会得到内部晋升，同时企业还应该鼓励企业的会计学习管理会计，会计学习后可以通过参加具有专业资质的机构组织的管理会计师资格考试并且顺利考取专业证书，得到企业相应的激励政策，这种做法可以帮助企业财务会计成功转型为管理会计，这一过程中企业也可以实现健康可持续发展。

（五）建立健全相关制度

企业在从财务会计向管理会计转型的过程中，为了能够保证财务会计向管理会计的实际转型工作能够进展顺利，企业需要建立健全相关的制度措施。从财务制度上来看，财务会计应将工作内容作为基本参考来建立工作流程、任务、目标体系，以此获得多方面、多角度的财务信息，并且可以通过数据替代货币信息处理企业内部数据的方式。从审计制度角度上看，企业不仅需要注重培养管理会计的思维，企业审计部门在无形中还需要加强监管。另外，企业还可以适当建立奖励制度以达到鼓励的效果，即财务人员的工作积极性与薪酬、福利呈正相关，工作积极性越高薪酬和福利待遇也会相应较高，以此激励模式鼓励相关部门的工作人员尽快转变工作模式，鼓励相关工作人员主动学习和适应新型工作方式，企业会计人员应积极将岗位责任制度落到实处，做到真正的恪尽职守。

第二章　企业管理会计概述

第一节　管理会计的发展

管理会计的萌芽，可以追溯到 20 世纪初。美国芝加哥大学首先在世界范围内开设"管理会计"的学术沙龙，时任主持人及主讲人的詹姆斯·麦金西教授是其中一位学术大家，并出版了《管理会计》一书。这是美国第一本以"管理会计"来命名的专著，具有管理会计学发展奠基石的意义。

随后，管理会计逐步被业界所了解与熟悉，而且现代管理科学的产生极大地推动了管理会计进入新的发展阶段。自 20 世纪 80 年代以来，罗伯特·卡普兰教授成为管理会计领域又一颗耀眼的新星。1992 年，卡普兰教授在美国《哈佛商业评论》发表了《平衡计分卡——驱动绩效的量度》，在此之后他和同道持续更新该理论体系，阐释了战略管理系统、战略地图、战略管理办公室、战略执行系统等理念。

20 世纪 80 年代，我国的会计理论研究达到繁荣时期。从借鉴西方学界经验开始，以余绪缨教授为代表的中国会计学者提出"对西方在企业经营管理领域中的一切经验和成就（包括现代管理会计在内）应该采取客观的、分析的态度，取其精华，弃其糟粕，为我所用"。余绪缨教授在《现代管理会计是一门有助于提高经济效益的学科》提出，现代管理会计的形成与发展可分为执行性管理会计和决策性管理会计两大阶段。前者是以泰罗的科学管理学说为基础，包括成本控制、预算控制和差异分析等；后者是以服务于企业提高经济效益为核心的决策性管理。余绪缨教授在我国引入了管理会计理论，创立有中国特色的管理会计方法体系，是我国管理会计研究的开拓者和奠基人。

经过一个多世纪的变迁，伴随着现代管理的更迭与创新，管理会计成为传统的财务会计和企业管理融合的产物，利用财务会计及其他相关资料进行整理、计算、对比和分析，使管理人员据以对日常发生的组织内的经济活动加以规划与控制，成为赋能管理、赋能业务的专业化信息系统。

一、管理会计在我国的发展现状

管理会计在我国的发展，是推动经济转型的迫切需求。当面对国内外复杂的经济形势，只有加快经济发展方式转变，充分挖掘管理潜力，才能实现社会经济的持续发展。

从国家战略而言，加强管理会计工作，可以激发管理活力，增强企业价值创造力，推进行政事业单位加强预算绩效管理、决策分析和评价，发挥好财政在国家治理中的基础和重要支柱作用。我国财政部于 2014 年 10 月发布了《财政部关于全面推进管理会计体系建设的指导意见》，2016 年 6 月发布了《管理会计基本指引》，2017 年 9 月发布了《管理会计应用指引第 100 号——战略管理》等多项管理会计应用指引，旨在总结我国在大中型企业普遍应用的管理会计实践工作，从应用环境、管理会计活动、工具方法、信息与报告等多维度，具体呈现工作战略导向性、与业务的融合性、与单位治理水平的适应性、有效权衡成本和效益等管理价值。

从企业重视而言，企业家需要找到合适的工具去看清企业的现状，并根据实际情况去决策和确定企业业务发展的方向。我国管理会计有了较大的发展，学者们在学习吸收西方管理会计的基础上，结合我国实际情况，提出了一些具有我国特色的理论和方法。近年来，我国企业对管理会计方面的应用不断增多，管理会计理论不断创新，管理会计实践日益丰富。在理论方面，我国比较重视管理会计基本理论、战略管理会计、成本管理等方面的研究，强化对企业未来进行科学规划J管理的重心在于经营，经营的重心在于决策，决策的关键在于预测。"管理会计之所以重要，在于能够发挥预测经济前景的关键作用。在实际应用方面，在初期应用内容比较广泛的有本量利分析、目标成本管理、成本形态分析，帮助企业选择合理、合适的量化模型，为企业未来的销售成本、利润、资金变动做出预测。进入21世纪以来，平衡计分卡、作业成本法、全面质量管理等现代管理会计的理论和方法，在我国得到了初步应用。随着我国企业内部控制建设的逐步规范，作业成本法、平衡计分卡的应用得到加强。

二、我国管理会计的发展方向

(一) 成本概念的多维性

目前，我国的经济体制改革不断深入，各种市场机制也在逐渐完善，各大企业逐渐成为独立的经营实体。企业的各种成本考核、成本计算等面临着巨大的挑战，企业的成本目标已经发展为集决策、计划、考核、分析为一体的多元机制。预计成本为满足各种预测、决策等成本管理的要求，已经被划分为边际成本、差量成本、机会成本等。不仅如此，成本管理还需要建立切实可行的计划成本、目标成本、标准成本等成本计量规范，同时要求成本计量能够获得国内外各相关企业的成本资料对比表。由此可以看出，管理成本多元化的发展趋势推动着管理会计朝着更广阔的外延大踏步前进。

(二) 作业成本法可能成为主流

作业成本法已经初步形成理论，但并没有一个明确的体系，在市场中也仅仅是被少数制造业所使用。实际上，作业成本法在非制造业的应用前景也非常广阔，如卫生医疗、金融、商业等。在现代经济发展趋势下，我国有很多企业都是采取小批次、多种类的方式生产，以这些企业为核心，不断地提高企业的自动化水平及管理会计人员的综合素质，使管理会计市场不断成熟，最终形成一个统一的管理会计算法，这不仅能够为全国各大企业提供一个相对可靠的成本信息，还能够促进我国经济的发展。

（三）加大战略管理和风控力度

我国企业的竞争环境正在悄悄地转变，无论从经营模式、全球化战略，还是在技术上，都面临着许多机遇和挑战。因此，在面对严峻的跨行业和全球竞争压力下，企业的战略选择非常重要。为了能够让企业在日新月异的变化中平稳发展，管理会计就要在战略选择上赋予更多的精力，不仅要成为企业战略信息的供给者，还要为企业制定出良好的决策，帮助企业应对挑战，使企业面临的风险降到最低，并且使企业获得最大的收益。

第二节　管理会计职能及其作用

《史记·夏本纪》中记载："禹会诸侯江南，计功而崩，因葬焉，命曰会稽，会稽者，会计也。"大意约为："禹在江南召集诸侯，进行功绩考核的时候去世了，于是就葬在当地，把此地命名为'会稽山'，'会稽'，也就是'会计'。由古至今，会计的职能是"会合考核"，是计量，是稽核，是评价。子曰："会计，当而已矣。"孔子所述哲理，同样影响深远。这里的"当"，也侧重于强调会计的"应当"和"恰当"。无论是"财务"，还是"会计"，从根源上都是以数字为基础的，反映数字背后的逻辑和本质，而并非仅仅是对数据的记录。因此，财务与会计的核心思想是管理的思想。今天，管理会计是会计的重要分支，主要服务于单位（包括企业和事业单位）内部管理需要，是通过利用相关信息，有机融合财务与业务活动，在单位规划、决策、控制和评价等方面发挥重要作用的管理活动。

一、管理会计职能

管理会计的职能主要有两方面，分别是预测职能与控制职能。预测职能指的是管理会计从业人员依据企业历史财务数据及现有的市场资料，结合相关定量模型或是定性的分析方法，对企业未来一定时间内的财务发展状况进行预测。目前，管理会计的预测职能主要用于预测企业项目的资金需求、销售情况和成本利润等方面。管理会计预测职能的发挥可以助力企业对未来的经营情况和企业收益情况有一定程度的掌握，从而为企业做出营销或是拓展业务方面的战略提供有力的参考和借鉴。管理会计的另一项职能是控制职能，该职能指的是企业相关部门的工作人员需要明确自身的工作职责，合理实施企业的经营，在数据监测与数据同步更新方面做好充分工作，根据企业的实际情况调整包括财力、物力、人力等在内的企业资源，使企业的经营活动沿着既定的轨道进行，避免企业出现经营方面的失误，减少企业的经济损失。

二、管理会计对企业的作用

（一）有利于提高企业经济效益

在企业日常生产经营活动中，管理会计的各项职能贯穿于企业生产的每一个环节，保证企业的所有资源得到有效利用。管理会计人员充分利用自身的专业技能和职业道德素养，帮助企业完善会计规章制度，控制和监督企业的各个会计环节，并根据企业的实际情况，制定有效针对财务问题的科学解决策略，优化企业资源配置，从而使企业经济效益达到最大化。管理会计要帮助企业完善自身的价值创造体系，使企业从低端产出向更高端的生产链发展。此外，利用管理会计的预测职能，充分把握市场环境，帮助企业对需要淘汰的过剩产能或需要增加的新产品、新项目投资进行有效决策，从而真正将管理会计应用于企业价值创造中。

（二）深化管理会计对企业的内部控制功能

管理会计对于企业的控制功能最初仅仅体现在核算企业的成本方面，随着市场经济改革的不断深入，管理会计的控制功能除了常规会计部门所涉及的领域之外，还体现在更多方面，例如对企业的供应源头与生产过程进行优化、在企业内部做好人员安排与任务分配、合理评估企业内部各部门的工作绩效等。管理会计的控制职能应抛弃以往单一成本控制的片面做法，需要从成本和收益两大方向进行企业内部控制，使企业在严格控制生产经营成本的同时，根据企业自身需要，创新管理会计的控制行为。管理会计具有较强的规划职能，可以完善绩效评价体系，提高企业信息处理水平，优化企业资源管理流程和内部控制制度，并在此基础上合理预测企业发展趋势。企业为了最大程度地提升自身价值，将会十分重视管理会计做出的各项预测和决策。

（三）有助于完善企业激励机制

在企业运营绩效考核中，企业管理者不仅要灵活运用管理会计，还应运用管理会计最大程度履行其在企业中的监督和执行职能，调动其在企业未来发展中的积极作用，合理分析各项绩效报告，进一步完善企业激励机制。管理会计通过利用自身各项职能，不仅要加强对企业内部员工的监督，还不能忽视激励措施的作用，将薪酬与企业员工绩效挂钩，制定各项绩效考核标准，并完善企业目标管理机制。企业需加大内部控制力度，根据实际发展情况充分调动企业内部员工的积极性和主动性，并有效调整自身发展策略，不断培养人才资源，提升企业核心竞争力。

（四）优化企业管理与财务组织结构

优化企业管理要依托优化组织结构来实现，管理会计信息系统融合于企业业务运作，企业要改变传统的组织结构，构建现代化扁平组织结构，实现企业信息流之间快速传递和分享。扁平化企业管理能有效地实现企业会计部、成本管理部、科研部、人力资源部、企业运营部等组织部门之间快速的信息流动，保障企业信息通畅，因此扁平化管理是优化企业管理的有力抓手，这种扁平化组织结构能有效促进企业信息化的发展，降低企业经营成本，提升企业信息管理的效率，扩大企业管理组织的广度。同时，管理会计信息系统融合于企业业务运作，离不开一个独立的企业财会组织结构。优化财务组织结构，确保财务组织在企业管理中的相对独立性与权威性。财务组织中各个成员分工合理，如企业的财务管理处处长，负责企业整个管理会计信息系统的业务规划；财务管理处副处长，负责会计管理目标设计，以及财务分析的监督与财务管理因素的收集；财务专员，负责企业会计信息与企业业务融合的操作与融合偏差分析。通过优化企业管理与财务组织结构，构建企业管理信息化。

（五）构建企业管理信息系统

企业信息化的构建应立足于企业的总体规划，逐步开展，层层递进。企业信息化的构建离不开大量的数据信息，特别是大量的会计类数据信息，这可以给企业做出重大决策、执行重大决定提供重要的参考依据。因此，企业信息化应以管理会计为中心，把握企业会计信息的整体性，同时兼顾企业其他部门信息，不能只从单方面思考、提取，要注重细节化管理，这样获得的会计信息更加具有科学性与合理性。构建企业信息系统不仅要从企业的角度着眼，以管理会计为中心，还要从软件开发者的角度进行研究。以企业会计信息子系统为核心，协调设备管理子系统、人力资源管理子系统、生产销售管理子系统、库存管理子系统、质量管理子系统相互融合，促进企业信息系统科学化、持续化发展。

在网络信息时代，企业外部环境日益复杂，企业间的竞争变得更加激烈，传统的管理会计模式已经很难适应时代的发展需求，构建管理会计信息系统融合与企业业务运作是信息化企业未来发展的趋势。管理会计信息系统的构建，对于企业信息准确性与多样性都有严格的要求，信息来源是否真实，数据是否准确，这直接影响着管理会计信息系统输出数据的准确性。这些财务职能部门处理的信息是经过企业多重筛选的，要确保数据的真实准确，并且覆盖面广。以财务职能为抓手，可以直接使用这些有效的数据构建管理会计信息系统，提升了企业信息系统的高效性。企业依托管理会计信息化系统与企业各种业务运作的深度融合，能有效地改变传统的企业业务运作模式，提升企业的生产效率，实现企业战略管理。同时，建立管理会计信息系统融合于企业业务运作，构建企业业务运作数据仓库，并贯穿于企业的整个业务活动与生产流程中，能使得企业的业绩得到优化，最终实现效益的最优。

第三节　管理会计与绩效评价

绩效管理的对象就是组织绩效，进一步可以分解为部门绩效和个人绩效，也就是业务的绩效。业务做得好不好，最重要的责任人是直接实施者，也就是各级管理者。管理会计是利用财务信息深度参与到企业管理决策、制订计划与绩效管理系统、提供财务报告与控制方面的专业知识，以及帮助管理者制定并实施组织战略的职业。管理会计的目标是对管理者起支持作用，因此能成为企业的战略、业务、财务一体化最有效的工具。

一、企业管理绩效评价概述

现代企业管理的过程中普遍开始采用绩效评价的方式，不同就是评价体系表现出了某种程度的差异性，但无论采用哪种评价体系，员工绩效在企业的绩效评价系统中都是主要指标。在实际操作过程中，通过一定的评价程序，采用恰当的评价方法，对员工进行考核，主要是业绩层面和能力层面的，建议采用定期与非定期相结合的方式，根据考核结果给予员工对等的酬劳。

二、管理会计中应用绩效评价的必要性

（一）提升管理会计应用效果的需要

在一些发达国家，管理会计的应用非常广泛，而我国管理会计的应用起步较晚，现阶段处于发展时期。企业应通过一定的激励政策，使管理会计能够在绩效评价中发挥作用，从而提高管理会计人员的工作积极性，同时能够在一定程度上提升业务人员的业务能力，使管理会计的应用效果得到增强，提高企业对于管理会计的了解程度。

（二）提升企业决策的正确性

竞争是这个时代最为显著的标志，也正是因为如此，市场环境总是表现出一些不确定性。任何企业，无论规模大小，要想获得更好的发展，先进的理念至关重要，还要善于捕捉机会，及时调整决策，赢得更好的发展机会。管理会计具有较强的规划职能，可以完善绩效评价体系，提高企业的信息处理水平，优化企业资源管理流程和内部控制制度，并在此基础上合理预测企业发展趋势。企业为了最大程度地提升自身价值，十分重视管理会计做出的各项预测和决策。现阶段，企业面对日益激烈的市场竞争，就一定会想尽办法准确预测相关生产成本，减少浪费，实时掌握企业的资金流向，强化预算管理意识，严格执行相关会计规章制度，把管理会计的规划职能充分发挥出来。

三、管理会计中绩效目标设置要求

（一）有效的组织目标分解

在管理会计中，要进行有效的组织目标分解。横向的绩效目标分解，要求把一项整体目标具体地分解到各相关部门，也就是完成了组织目标在各业务部门和团队之间的横向分解；纵向绩效目标分解，是将部门目标进一步纵向分解到部门内的每一个团队或员工身上。最终的原则是，每个团队或员工的业务指标相加，应该等于部门的总绩效指标。

（二）多元化的绩效目标设置

在具体的目标类别方面，按照平衡积分卡的原则，需要包括财务指标、流程指标、客户指标、组织指标等绩效目标。财务指标直接衡量组织的绩效结果，如销售额、利润率、投资回报率等。但是财务指标大多滞后，如果在经营期间已经出现问题，等到期末的财务指标才反映出来的话，可能为时已晚，已经影响企业的整体业绩。而流程指标则可以视作实时指标，可以随时反映企业在经营过程中出现的问题，便于企业及时发现、及时诊断、及时解决。常见的流程性指标包括产品周转率、应收账款周转率等。客户指标主要包括了客户满意度、售后服务满意度、产品满意度等。组织指标包括组织健康度、员工敬业度等。

（三）绩效目标的追踪

绩效目标的追踪体系可分为两个层面。第一个层面是组织层面，即组织的绩效目标不是年初设定之后就一成不变的，而是需要根据组织对内和对外的密切关注及变化情况，进行滚动预测，随时准备予以调整。对内主要是关注自身的经营发展，对外主要是关注所在行业或市场的整体发展态势。第二个层面是员工层面，即绩效目标落实到个人之后，组织绩效管理工作并不能止步于此。目标制定得很翔实，但如果缺乏有效的监控和追踪体系，也会让组织的绩效目标变成一纸空文。

第四节　大数据下的管理会计

近年来，科技的迅猛发展使得云计算、移动数据、人工智能、大数据等新兴科技技术伴随着社交网络走入人们的生活，给人们的生活带来了巨大的影响，而数据的增长和科技的进步最直接的体现就是大数据越来越受到关注。大数据时代的到来不断推动着企业管理会计的进步，企业在数据的归集、处理、提炼、使用上得到了巨大提升。大数据带来的数据使企业有了更多的信息来进行准确的决策，可增强企业的活力，有利于企业的持续发展。然而，机遇往往伴随着挑战，唯有迎接挑战并理性应对，才能化大数据为工具，才能推动管理会计不断发展。

一、大数据与管理会计概述

管理会计指的是会计人员运用一系列专门方法，对财务会计的资料及其他资料进行确认、加工、整理和报告，以便提高企业的效益，使企业各级管理人员根据它应对日常发生的各项经济活动，并做出正确决策的一个会计分支。

但随着科技的发展和社会的进步，人们仅仅重视会计基本功能的信息化的弊端凸显，由于数据的增加使得整理难度大大提升，时时在提醒我们也要对管理会计的信息化提高重视，这时就更加迫切需要科学有效的方法介入，从而让管理会计焕发生机。纵观历史经验，发现唯有让管理会计和大数据两者相结合，才能使管理会计走上新台阶。

大数据，指无法在一定时间范围内用常规软件工具进行捕捉、管理和处理的数据集合，是需要新处理模式才能具有更强的决策力、洞察发现力和流程优化能力的海量、高增长率和多样化的信息资产。大数据的 5V 特点（IBM 提出）：Volume（大量）、Velocity（高速）、Variety（多样）、Value（低价值密度）、Veracity（真实性）。由于具备以上特点，有效地利用大数据对数据进行加工收集，必定能为企业创造更多的发展机会和商业价值。进入大数据时代，人类的生产生活都会产生数据、留下数据，而现在的科技技术，尤其是大数据技术，能将这些大量多变、杂乱无章的信息安全、快速、有效地储存起来，并且随时能共享、应用和计算，使得每个人每个组织都切切实实参与到数据的生产应用之中。

二、大数据下管理会计面临的机遇

（一）获得更全面的数据

传统的管理会计对数据的利用方式止步于对其结构化的分析上，随着科技的发展，结构化分析变得十分有限，俨然无法满足企业日常经营管理的需要，而大数据的出现为企业获取更加全面的数据储备提供了重要的渠道和资源。在这样的时代，各线性价值链企业之间和各价值网之间的竞争将会从普通竞争演化成为数据量的竞争，所以拥有一个完备的数据仓库，积极储备各种数据资源的搜集、确认、加工与利用工作，将所有搜集来的有关于结构化、半结构化数据和非结构化数据进行综合利用，才能使大数据更好地为管理会计提供服务，从而为企业经营管理提供全面的依据。

（二）提升企业的预测能力

管理会计作为一种工具既可以进行精细管理，又可以价值创造，是以企业经营过程中的经济活动为主要对象的，以创造价值、提高企业经济效益为主要目标。在企业的决策过程中，为管理者提供全面高效的管理信息，使之能够客观预测经济发展情景，切实规划企业目标，有效控制企业的经营活动。因此，管理会计作为现代会计的一个重要分支，在企业发展中起着重要作用。随着大数据的引入，管理会计势必会将迎来新的机遇。大数据提供了极其广泛的信息，而优秀的会计人员可以根据这些信息提前了解市场情况，预测未来企业收益，做出正确的会计决策，从而在市场竞争中掌握主动权，主要表现在以下几个方面：

1. 预测

管理会计信息系统的预测功能，即通过总结和分析前一阶段企业的生产与经营状态，对未来一段时间内的发展趋势和方向进行预测，以促进企业获得持续、稳定的发展机会。

2. 决策

通过企业对会计数据信息的分析和比对，在某几种行动或方案中选择最佳的一项，从而实现对企业的战略发展规划的宏观掌握，并根据战略发展目标的主题进行整合和预处理，最终实现战略决策科学性、有效性的极大提升，促进企业的长期发展。

3. 控制

对企业的生产与运营全过程进行跟踪控制，及时了解和掌握最新的计划变动情况，并对出现的问题和不足进行分析与评价，并制定有针对性的问题解决策略，以促进企业生产与运营的有效提高。

4. 评价

评价即企业对内部各组成部门及其工作人员的工作效率、业绩进行综合的评价与考核，并以此为根据，对生产与运营活动的各个部分及时进行调整与控制。

三、大数据下管理会计面临的挑战

大数据为企业运用管理会计提供了一定的发展机会，但想要使管理会计实现职能发挥、信息管理、人才培养等方面的问题尚待解决。

（一）不能有效防止数据贬值

随着企业的发展和信息化速度的加快，市场、客户、交易等方面的数据量激增，为了适应市场发展的需要，建立企业自己的大数据库已经迫在眉睫。由于大数据涉及的范围很广，管理者得到的数据往往包含许多信息，管理者需要剔除掉其中不相关的数据和内容，来保证决策的效率和正确性。由于数据具有时效性，今天发布的报告可能明天就因为数据的更新而失去了用处，一些企业提升提炼有价值数据的速度不够，不能有效防止数据贬值，所以要求企业要拥有一个能大量储存且实行智能化管理的数据库，要求管理人员具有能迅速从数据库中筛选出有价值数据、剔除无关信息的能力，并且要求企业管理人员具有能挖掘、开发、研究大数据的能力，掌握先进的数据管理方法，能把它应用到企业生产经营中去，以提升企业的竞争力。

（二）保护信息和数据安全的意识和能力不够

为了保持企业的正常运转和安全运营，往往对管理会计做出的决策的正确性有着很高的要求，而影响正确率的是所收集数据的准确性和安全性。企业自身的数据和信息来源广泛，得到的信息和数据同样来源于方方面面，会计数据的准确性对企业有着极大的影响。因此，保证会计信息和数据的正确性是极其重要和必要的。当前，一些企业保护信息和数据安全的意识和能力还不够，如果数据被泄露，客户、员工和整个企业都会受到不同程度的影响，所以在大数据时代，企业也要提升自身应对数据泄露的能力。

大数据技术是把"双刃剑"，给企业经营带来巨大便利的同时，也会使企业的一系列信息遭受泄漏的风险。在开放的环境中，网络病毒、木马、黑客等不安全因素的存在会使得企业持有的客户资源、数据信息及商业秘密等很容易被竞争对手攫取。这些信息一旦泄露，很可能给企业带来经济上的巨大损失。如果企业管理会计层面尚未形成完善的理论体系和相关制度规范，企业的信息安全性将缺乏保障。因此，企业利用大数据实现对财务数据的深度挖掘和分析，需要充分考虑安全性。

1. 严禁无关人员接触信息系统，防止非法访问和随意篡改。尤其要重视企业的内部控制制度，充分运用程序加密技术，实行分级控制法，财务内部分工和岗位牵制相结合，对操作日志和运用规范合理定位，避免企业因信息泄漏而遭受损失。

2. 在选择云服务商时，要慎重考虑服务商的资质和运营情况，稳妥的服务商才是适合长期合作的伙伴。应严格制订信息管理系统的维护期限，定时查找系统中的漏洞，做到及时修复和弥补，通过提升数据的加密储存性能，保证信息系统的安全性。

3. 要不断完善应急机制，一旦发生信息泄露，应果断采取挽救措施，妥善解决因信息泄露给企业造成的损失。

（三）对数据和信息的处理难以跟上大数据时代的步伐

大数据时代，对会计人员的要求越来越高。传统的会计人员对数据和信息的处理难以跟上大数据时代的脚步，即获得的数据和信息需要专业人才运用会计相关知识对其进行整理、归纳和提炼。但目前具备这种能力的会计专业人才少之又少，极大地阻碍了会计的发展。所以，企业需加强会计人才的培养，加快大数据和会计接轨的速度。

（四）大数据下管理会计的应用被严重忽视

大数据与云计算、物联网一样，是一项突破性的技术飞跃。全球数据处理量的飞速发展使得管理会计需要从庞大的数据中挖掘有价值的信息，并应用于企业决策系统和控制系统中。目前，大部分企业遵循的仍是各业务单位仅负责业务活动，财务管理部门仅负责财务管理。财务部门基础业务比较烦琐，其主要工作精力无法运用到企业更高层次的应用管理活动中去。传统模式下，管理会计的思维已经不能满足当前企业发展的需要。

1. 完善企业经营战略。管理会计在企业的经营决策中发挥着重要作用。通过财务共享中心的运营，涉及企业的财务分析、成本管控、全面预算、投融资等方面，借此可助力完善企业经营发展战略，可提高企业的核心竞争力。例如，万科对北京市房山地区的投资决策，就是通过联合电信、中国移动、联通三大运营商，分析北京网络使用人数的数据，得出房山地区处于"价值洼地二可能拥有巨大的潜在购房群体的结论，据此果断决策，最终取得了不菲的收益。

2. 规划企业运营数据。通过对企业实际运营情况的了解，有效避免生产和销售计划的不合理现象。在国家不断提升电信技术，人们交流需求与日俱增的形势下，华为作为一家民营科技企业，在研发方面投入巨大，并借助价格、产品质量、服务等方面的优势，立足本土化业务，逐渐在电信领域脱颖而出。此外，被人津津乐道的全球零售业巨头沃尔玛的"啤酒＋尿布"销售策略，也称大数据技术应用的经典案例。

3. 优化绩效考评方式。大数据时代，各项数据的收集变得准确而便捷，通过对公司员工日常表现的数据整理，可以公正地评判每位员工为公司带来的贡献，确保员工奖励和合理的工作晋升，充分发挥管理会计的应用效果。例如，企业文化一向以创新和自由著称的谷歌，其内部考核十分严格，在互联网思维的推动下，OKR（目标和管理结果）作为一种目标管理和绩效管理工具，有效地激发了员工为达成企业目标而努力的积极性。

4. 成立财务共享中心。这是实现财务优化的必然选择。通过 IT 硬件、软件的投入，把基础的会计核算职能从财务管理中抽离出来。不断提升企业内部的研发力量，实现企业的技术创新，注重管理会计在财务职能中的作用。例如，宝钢集团共享服务中心推行专业化分工，由总部财务制订战略，业务、财务人员达成合作伙伴。共享中心的定义是专业化并加强质量控制，成为效率提升的执行者，促使宝钢业务规模的快速增长和扩张。

5. 及时发现市场变化，有效调整内部控制制度。大数据使企业具有更强的数据分析能力，管理会计通过对企业日常经营数据进行分析，找出变化差异并分析形成差异的原因，从而及时调整企业内部控制制度。例如，海尔集团在日常工作中始终贯彻流程管理，通过标准化的管理实现企业的经营目标。

（五）新型管理会计人才严重缺失

为了提高生产效益，传统管理会计关注的重点是日常生产方面，局限于执行性管理会计阶段，并不是完全的管理会计。新的时代赋予了管理会计新的使命和内涵，其定义已经提升到战略管理会计阶段，因此需要与其他领域融合，如与信息经济学、行为科学等学科进行融合与延伸。但传统的管理会计仅掌握基础的财务知识，从事的只是简单的算账、计账等工作，缺乏信息化的相关专业知识，仅充当简单的计数者和监督者，使管理会计信息化的进程受到限制。

1.大数据与管理复合人才。大数据时代下的新型管理会计，迫切需要具备丰富的管理会计知识和熟练应用数据分析工具的能力。尤其是大数据与管理复合人才的严重缺失，直接影响企业的发展速度。由于信息技术的不断变化使会计环境改变进而引发经济事项的不确定性增加，业务难度也随之增加，而高水平的管理人才应具备精准的分析能力、判断力和抉择力。企业管理层应深度挖掘并聘请管理会计专业领域的人员，注重对企业内部管理会计的培养和扶持，使现有员工的业务能力和专业素养得到快速提升。例如，邀请管理会计领域的专家和学者走进企业开展讲座，为管理会计人员创造更多学习和交流的机会，在管理会计队伍中营造"百舸争流"的学习和工作氛围；充分运用奖惩机制，建立复合型人才能力框架，有的放矢地在企业内部培养和提拔具有大数据分析潜质的人员，并积极完善评价系统。

2.具有管理会计意识的高级经理人。企业是一个滤池，管理会计则是这池中的一尾鱼，鱼离不开池，而池中水质的好坏将直接决定鱼跳跃的高度。企业高管也需转变观念，充分意识到管理会计与大数据的结合，能够及时督促和引导企业员工自觉加强这方面的意识。通过引进具有管理会计意识的高级经理人进入企业管理层，能够有效地从战略高度提升企业在大数据的应用、管理会计的应用等方面的决策水平。比如，对于一项好的投融资计划，专业水平高的职业经理人能够运用管理会计和大数据专业知识给予决策层精准的意见和建议，为该项计划的实施和预期效果锦上添花。

四、大数据下管理会计面临的挑战应对的措施

（一）明确管理会计信息系统框架体系建设的目标

企业要抓住大数据时代快速发展这一机遇，对管理会计的发展采用加强和推进并进的方式，为提升企业管理的能力和水平奠定良好的基础。首先，政府部门应该采取积极的态度为管理会计能够充分利用大数据中的资源信息提供基础性设施与政策等支持。其次，相关科研单位需要对管理会计理论进行研究和总结，结合实际，将理论和实际融为一体，最终达成与我国经济状况相符的管理会计理论和实践基础。最后，对于企业而言，要善于把握机遇，提升企业管理会计在大数据时代的应用实践能力，为企业奠定良好的发展基础。与此同时，企业内高管必须树立起积极应用管理会计的意识，为企业赢得市场。

目标是激励组织行动和指引未来奋斗与前进方向的最重要因素之一，企业在大力加强管理会计信息系统框架体系建设时，要立足于云计算环境的基本特点，要明确企业所希望取得的效果和达成的目标，将其作为一切工作的先导和基础，在减少工作失误的同时，提高企业整体的工作效率和工作质量。可以按照以下三个步骤来进行：第一步，从现阶段企业开展管理会计信息系统框架体系建设的实际情况出发，在战略发展规划的指导下开展内部清查与总结，及时发现问题和不足，并有针对性地制定改正和弥补策略，确定初步工作目标；第二步，企业要对各类自有资源进行宏观掌握与分析，从管理会计信息系统框架体系建设不同阶段的不同要求出发，

实现对各类资源的优化、有机配置，以从根本上减少资源浪费，提高各种资源的使用效率；第三步，企业要建立健全管理会计信息系统框架体系建设目标实时更新机制，着眼于不断变化发展的经济社会现实，及时对建设工作的方向与目标进行调整，与时俱进。

（二）创新与发展从加强基础工作开始

管理会计要想发挥决策作用，需要大量的信息及数据积累，重视会计的基础工作，健全企业的各种信息资料，建立动态的、完整的基础信息，提供可靠的数字来源，严格按照企业会计制度的规定，财务会计记录日常业务，登记簿册，并定期编制相关财务报表，准确、客观地反映企业的经济活动和经营成果。数据的准确性、报告的客观性和及时性将对管理会计的工作产生深远的影响，因此要创新和发展管理会计，必须高度重视基础工作。

（三）管理会计的创新与发展离不开预算

管理会计最终要通过改变企业的资源配置来实现企业的管理工作，而资源配置离不开预算，使用预算来分配、评估和控制企业各部门的各种财务和非财务资源。为了有效组织和协调企业的生产经营活动，完成既定业务目标的管理活动，管理会计会从企业整体角度出发制定预算，在企业管理层与中下层因预算目标不一致而产生利益冲突时进行调和。预算制定得更加合理，有利于预算的完成，减少企业上层要求企业发展强推预算和下层保留预算的矛盾。管理会计在制定预算时要理清预算、规划与企业战略之间各个方面的关系，要在企业经营规划指导下完成，促使企业健康可持续发展。要有效地实行综合预算，使企业在一定时期内对生产计划、利润收入和成本支出等活动有综合预测和计划，包括财务预算、业务预算和特殊预算，以及确定这些预算是否合理的评估指标和预算指标。

（四）拓展更大的应用空间

时代赋予管理会计广阔的应用和发展空间，居安思危，管理会计应通过自身的创新与发展创造更广阔的应用空间，通过积极关注企业外部环境的变动，利用竞争者信息、财务信息来构建完善的战略管理会计系统，开展战略规划工作，使企业管理和业务更加灵活。管理会计可以扩展到组织战略、产业链整合和组织间协作、流程导向和价值管理、网络和信息集成等多个空间，打破传统会计管理的约束，以优化管理流程和业务为目标，不懈地进行创新活动。

（五）强化管理会计的信息化发展

随着网络信息化在会计上的应用，管理会计的创新与发展必然也离不开网络信息化，适应了信息化的发展才能适应会计转型升级背景下的企业对管理会计的要求。在以信息化为平台的基础上，管理会计应结合多种工具设计符合企业运行的管理模块程序。在模块程序建立后，还要经常进行调试，以符合决策者的判断和要求。这不仅可以提高管理会计的工作效率，还可以将管理者的想法和业务开展思路嵌入到管理会计信息化的管理中，使得管理会计在管理上的灵活性与准确性在信息化的空间中得以创新和发展。

同时，在选用大数据进行计算和整理服务的机构和人才时，要注意筛选，加强监督，制定好保密协议，备份好数据，提前制定好处理方案。并且，隔离重要数据，保证客户和员工的信息安全。

第三章　企业管理会计基础理论

第一节　作业成本管理会计

一、作业成本管理会计的产生和发展

20 世纪 70 年代末，随着高新技术的发展并广泛运用于生产领域，传统的管理观念和管理技术受到挑战。企业竞争环境发生了急剧变化，计算机一体化设计与制造系统的建立、适时制（Just-In-Time，简称 JIT）采购与制造系统的出现与运用，以及零库存、制造单元、全面质量管理等全新管理观念和技术的推广，使得传统的以交易或数量为基础的成本计算与成本管理系统受到强烈的冲击。在先进技术环境下，直接人工成本比例大大下降，固定制造费用等间接费用大比例上升，按传统的"数量基础成本计算"难以合理地反映产品的消耗，无法为企业经营管理提供有用信息。在实务界迫切要求改革传统成本会计核算系统时，将管理重心深入作业层次，以"作业"为核心的作业成本计算及作业管理便应运而生。

一般认为，以作业成本计算为核心的作业成本管理会计概念最先由美国学者于 1984 年提出。其基本目的是为企业提供更相关的成本信息。作业成本计算方法提出之后，引起了理论界和实务界的重视，学者们在对其理

论完善和运用研究中发现作业成本计算不仅能较精确地计算成本、解决共同成本的分配问题，而且它所提供的成本及其他信息还可被广泛地用于预算管理、生产管理、产品定价、新产品开发、顾客盈利能力分析等诸多方面，能为企业全方位的经营管理提供有价值的决策依据。这就使作业成本计算很快超越了成本计算本身，提升到以价值链分析为基础的、服务于企业战略需要的作业管理。

作业成本管理会计就是以"作业"为基础的成本核算与控制系统。它的基本观点是：产品消耗作业，作业消耗资源。它以作业成本计算为基本方法和手段，以作业为成本计算的基本对象核算产品成本。企业可以根据作业成本信息分析和优化成本结构，即实施作业管理，自始至终对所有作业进行分析和修正，改善成本信息质量，从而有利于经营决策，提高企业整体经营管理水平，并实现作业链和价值链的最优化，为最终的顾客创造更多的价值。

作业成本管理会计是管理会计发展史上的一场革命，带来了崭新的作业管理理念与作业成本计算方法，为企业的成本管理及价值链优化提供了科学可行的方法与工具。经过 20 多年理论界和实务界的不断实践，作业成本管理会计理论趋于完善，运用作业管理可以改善企业经营，帮助企业增加价值。

二、作业成本管理会计的相关概念

明确作业成本管理会计的基本概念是理解和把握作业成本管理会计的基础。

（一）作业与作业成本

作业成本管理会计将作业作为成本计算对象，并追踪作业成本到最终产品、服务或顾客。从管理角度看，作业就是企业生产过程的各个工序或流程。从作业管理角度看，作业就是企业基于一定的目的，以人为主体，消耗一定资源的特定范围内的活动、业务或事项。这些活动、业务或事项的最根本的目的是为了创造某种价值。作业是汇集资源耗费的对象，它的基本特征包括：是以人为主体的、消耗一定的资源、区分不同作业的标志是作业目的、范围可以被限定。

作业可以按不同标志分类，如可按作业受益对象的性质把作业分为单位成本、批别作业、产品作业、顾客作业和能量作业等。但最基本的一种分类是按作业能否给顾客增加价值将作业分为增值作业和不增值作业；增值作业就是通过该作业的执行可以为顾客提供更多的价值，生产工艺流程的各项作业一般都是顾客增值作业。不增值作业指对增加顾客价值没有贡献，或者凡经消除而不会降低产品价值的作业，比如储存、移动、等待、检测等作业，企业应尽可能减少这部分作业。

根据作业管理理念，产品生产过程可被看作一系列相互联系的作业的组合，成本费用的发生与作业相关，产品成本由作业成本构成。因此，产品生产过程的费用消耗表现为作业的费用消耗，也即作业成本。

（二）作业链与价值链

作业成本管理会计的主要目标是：第一，尽量通过作业为顾客提供更多价值；第二，从为顾客提供的价值中获取更多的利润。现代企业可以视为一个为了满足最终顾客需求而建立的一系列前后有序的、能创造顾客价值的作业集合体。这个有序的集合体就是"作业链"。根据作业管理理念，企业的经营活动可以视为为了满足最终顾客需要而设计的一系列材料消耗作业、工时消耗作业及制造费用作业三条平等而又相互交织的作业链构成。企业各项作业的执行都伴随着价值的转移与集合。每完成一项作业就消耗一定量的资源，同时有一定价值量和产出转移到下一个作业，直到最后将产品提供给顾客。最终产品是企业全部作业的成果集合，同时也表现为全部作业的价值集合。可见，作业链的形成过程，也就是价值链的形成过程，

"作业链"同时表现为"价值链",作业形成价值,但并非所有的作业都增加转移给顾客的价值。作业链和价值链是分析企业竞争优势的基础,企业管理就是要以作业成本计算为基础,以作业管理为核心,通过作业分析,尽可能消除不增值作业,并提高顾客增值作业的运行效率和效益,优化企业作业链和价值链。

(三) 成本动因

成本动因指直接引起作业成本发生的因素(原因),它是作业成本计算的成本分配标准。成本动因驱动成本产生,对产品成本结构起决定性作用。出于可操作性考虑,成本动因必须能够量化,可量化的成本动因包括生产准备次数、零部件数、不同的批量规模数、工程小时数等。

作业成本计算的基本前提是:作业量的多少决定着资源的耗用量,产出量的多少决定着作业的耗用量,资源耗用量的高低与最终的产出量没有直接的关系,从而可将作为作业成本分配标准的成本动因分为资源动因和作业动因。

资源动因反映了作业量与资源耗费之间的因果关系,它是将资源成本分配到作业的标准。这里,资源是执行作业所必需的经济要素,即企业花了代价而获取的一切生产要素如资金、材料、机器设备、劳动力等。在分配过程中,由于资源是逐项分配到作业的,于是就产生了作业成本要素,将每个作业成本要素汇总就形成了作业成本库。例如,当"检验部门"被定义为一个作业中心时,则"检验小时"就可以成为一个资源动因,这时,许多与检验有关的费用将会归集到消耗该项资源的作业中心。通过对成本要素和成本库的分析,可以揭示哪些资源需要减少,哪些资源需要重新配置,最终确定如何改进和降低作业成本。

作业动因是作业发生的原因,即产品或服务的最终产出量与作业消耗量之间的因果关系,反映了最终成本计算对象(最终产出)耗用作业的频率和强度,它是将作业成本库(作业中心)的成本分配到产品、劳务或顾客的标准，也是沟通资源消耗与最终产出的中介。

三、作业成本管理会计的思想

（一）作业成本计算

作业成本计算是作业成本管理会计的基本方法和基础环节。它以作业为中心，通过确认企业设计、生产、销售等经营过程中所有与产品相关的作业及相应资源耗费，按成本动因分配计量作业成本，对所有作业活动进行动态的反映，尽可能消除"不增值作业"，改进"增值作业"，优化"作业链"和"价值链"，从而得出相对合理的产品成本，为企业经营决策提供有用信息。用作业成本计算核算产品成本时，须将着眼点从传统的"产品"转移到"作业"上，即以作业为中心。首先依据不同的成本动因分别确认主要作业，设置成本中心及对应的成本库，再归集各项作业的资源耗费量等投入成本到作业成本中心，然后分别按最终产品或最终劳务所耗费的作业量分摊在各个成本库的作业成本，汇总得出各种产品的作业总成本，最后计算各种产品的总成本和单位成本。

产品消耗作业，作业消耗资源；资源按资源动因把其成本追踪到作业中去，从而得到作业成本，作业又按作业动因把其成本追踪到产品中去，最终形成产品的成本。因此，作业是资源与产品之间联系的桥梁，是作业成本计算的重点。

（二）作业管理

传统的企业观认为，企业是一个为社会提供产品的营利性经济组织，其核心是产品。现代企业观认为，企业是为最终满足顾客需要而设计的一系列作业的集合体。从作业的角度看，企业就是一个由此及彼、由内到外的作业链。根据现代企业观，企业的经营目标就是要实现最终顾客价值最大化，企业管理的重点在于持续改善和优化作业链和价值链。作业管理以顾客为导向，以作业链—价值链为优化目标，以作业成本计算为中介，对企业的"作业流程"进行根本性、彻底的改造，尽量消除作业链中一切不能增加价值的作业。作业管理把管理深入作业水平，以"作业"为核心和起点，从企业整体出发，通过作业分析，在企业产品设计、物资供应、生产和销售等部门和环节中不断改进作业方式，使各项作业形成连续、同步的"作业流程"，并重新配置有限资源，持续降低成本，不断改善价值链。作业管理有利于提高企业整体管理水平和经营效益，可以增强企业的竞争优势。

（三）作业成本计算与作业管理之间的关系

作业管理是作业成本计算发展到一定阶段的进一步拓展，作业成本计算是作业管理的核心，作业成本计算为作业管理提供基本分析和核算工具。作业管理是作业分析、作业成本分析和作业改进过程的有机组合。作业成本计算处于作业管理的中心，通过实施作业成本计算真正发现和提供企业作业链对顾客价值、企业价值增长有关的重点作业及相关信息，企业管理层根据这些信息对整个作业链进行改进，实施作业管理。作业成本计算与作业管理互相促进、相辅相成，共同构成作业成本管理会计的核心。

四、作业成本管理会计理论的主要内容

（一）作业成本管理会计形成的基础理论

1.行为科学理论是促使作业成本管理会计形成的基础理论

行为科学是 20 世纪 50 年代奠基、70 年代以来发展十分迅速的一门新兴学科。行为科学的内容包括侧重于行为观的组织理论、激励理论与决策模型。以行为科学为基础形成的作业成本管理会计要求管理控制依据激励—贡献之间的最佳关系，采取最有效的激励措施来激励、引导企业各级、各单位以至组织成员个人为实现企业总体目标即企业价值和顾客价值增加相互合作、协同努力。企业组织的柔性对于人的才能的全面要求更是促进

了企业管理对于人力资源的重视，这种以人为本的管理思想也正是作业管理区别于传统意义上的企业管理的重要特征。

2.信息经济学的引进和运用是作业成本管理会计形成和发展的理论基础

信息经济学认为，信息的获得需要付出信息成本，同时信息能产生效益，来源于它对决策的有用性。作业成本管理会计作为一个信息系统，必须以信息经济学原理为指导，使信息的效果和经济性两个方面统一起来，成本—效益原则是建立作业成本管理会计系统的基本指导原则。

3.成本动因理论是实际运用作业成本计算提供成本信息的基础理念

从多维度看，企业的产品制造成本全是变动的，应将成本划分为短期变动成本和长期变动成本。这种对成本习性的再认识可以更好地把握成本的概念，由此得出的成本信息更为相关，有助于企业做出恰当的决策。成本动因理论认为作业是组织内消耗资源的某种活动或事项。作业是由于生产产品或提供劳务引起的，作业又引起了资源的耗用。成本是由隐藏在其后的某种推动力引起的。这种隐藏在成本之后的推动力就是"成本动因"，或者说是引起成本发生的因素。成本行为是由成本动因所支配的。要把各种费用分配到不同的产品上去，首先要了解成本行为，以便识别出恰当的成本动因，从而发现真正影响成本的因素所在。

（二）作业成本管理会计的程序及体系

1.作业成本管理会计的程序

（1）作业分析。作业成本管理会计关注成本信息的相关性，目标是运用作业成本计算所得的动态成本信息对企业作业链—价值链进行持续改善和优化。实施作业管理首先必须深入作业水平，进行作业分析。作业分析具体包括五个步骤：①定义作业。在确定企业经营目标的基础上，判别并描述企业为顾客提供产品或服务所需进行的各个作业。②分析作业的必要性。必要的作业能创造价值，要从企业和顾客两方面考虑。如果某项作业对顾客而言是必要的，它就是必要的作业，能为顾客增加价值；若一项作业对顾客而言不是必要的，还要看该项作业对企业组织而言是不是必要的。如果对企业必要，即使该项作业与顾客无关，它也是必要的作业。反之，那些对顾客价值增加没有必要的作业，也不能为企业组织功能的发挥产生作用的作业，都是不必要的作业，必须消除。③分析重点作业。企业的作业通常多达二三百种，基于成本效益原则我们无法也没有必要对所有作业一一进行分析，而应有选择性地对重点性作业进行分析。研究表明，企业80%的成本由20%的作业引起。企业可以将作业按其成本的大小排列，而后选择排列在前面的那些重点作业进行具体分析。④把企业的作业与其他企业类似的作业进行比较。因为企业必要的作业并不一定就是高效率的或最佳的，通过与其他企业先进水准的作业进行比较，可以判断某项作业或企业整个作业链是否有效，寻求改进的机会。⑤分析作业之间的联系。各种作业相互联系，形成作业链。有效的作业链也必须使作业的完成时间和重复次数最少。理想的作业链应该是作业与作业之间环环相扣，而且每项必要的作业只在最短的时间内出现一次。通过分析作业之间的联系，企业可以寻找出改进的机会。通过作业分析，企业可以溯本求源，消除不必要的作业，改进作业链，把企业有限的资源用到能为企业最终产品增加价值的作业上去，以提高最终提供给顾客的价值。从这个意义上说，作业成本管理会计不仅仅是一项管理会计核算工作，更为重要的是，它还是不断改进企业作业活动的过程。

（2）作业成本计算。作业成本计算深入作业层次进行成本核算是作业成本管理会计的核心内容。作业成本计算基于两步法：第一，资源所含价值由于作业的需要归集到作业上；第二，作业成本由于产出需要分配给产品。具体程序包括：①依据生产流程归集各个作业，并把资源费用分配至各个作业；②确定主要作业，建立作业中心，构成同质成本库，并选择作业中心的代表作业，计算成本库分配率；③分配费用至产品，计算产品成本，用产品消耗的某作业中心的作业动因量乘以成本库分配率，得到产品消耗该作业中心的作业成本；④将某产品消耗的所有作业成本相加，得到产品作业成本。产品作业成本再加上产品消耗的直接材料等其他直接成本，得到产品成本。

（3）动态改进。作业成本管理会计以"作业"为核心和起点，利用作业成本计算提供的信息，依据技术与经济相统一的原则，不断改进作业方式和管理控制，尽可能消除非增值作业，改善增值作业。具体步骤包括：减少完成某项作业所需要的时间或耗费；消除不必要的作业；选择成本最低的作业；尽量实现作业共享，从而能尽可能降低作业成本；利用作业成本计算提供的信息，编制资源使用计划，重新配置未使用资源。这些动态改进的步骤贯穿于企业的整个生产经营过程中，在对作业及资源配置进行动态改进的同时，企业管理水平及经济效益持续得到提高。

（4）绩效评价。作业成本计算产生大量有助于绩效评价的数据和信息，可以用于评价个人或企业分部门责任履行情况。作业成本计算还提供一些非财务信息，如资源动因和作业动因，有助于企业从非财务角度进行绩效评价。利用作业成本管理会计系统提供的信息可以多角度、多方面对企业进行绩效评价，提高绩效评价的相关性和有用性，对员工有更大的激励作用，有利于管理决策的制定和持续改进。

2. 作业成本管理会计体系

作业成本管理会计体系以高科技成果在生产领域的运用为基础，以计算机集成制造系统为技术支持，以新企业观的转变为起点，以作业成本管理为核心，以作业预算管理为重要的控制手段，以作业成本计算为中介，以实行适时生产系统和全面质量管理为条件，互相渗透、互相促进，实现企业的战略目标。作业成本管理会计主要包括以下子系统：

（1）作业成本管理会计的技术支持。计算机集成制造系统（CIMS）融科学的管理思想与先进的制造技术于一体，使生产达到高度的电脑化和自动化。它从产品订货开始，直到设计、制造、销售等所有阶段，对所使用的各种自动化系统综合为一个整体，由计算机中心统一进行调控。生产的高度信息化和自动化，为经营管理进行革命性变革——作业管理、实行灵活生产提供了技术上的可能。

（2）作业成本管理会计的基础和中介。实行作业管理，对作业的增值情况进行分析，必须加强成本控制，建立同环境相适应的现代成本管理模式——作业成本管理模式和能准确评价作业管理绩效的预算管理，有赖于作业成本计算所提供的相关作业成本信息进行预算、控制、绩效评价。作业成本计算把成本计算的重点放在成本发生的前因后果上。对成本前因后果及时进行动态分析，可以提供有效信息，促进企业改进产品设计，寻求最有利的产品和顾客以及相应的投资方向，并提高作业完成的效率和质量水平，将企业置于不断改进的环境之中，以促进企业生产经营整个价值链的水平得以不断提高。可见，作业成本计算是作业管理的基础和中介，它作为一个明细的信息系统，贯穿于作业管理的始终，通过对所有作业的追踪进行动态反映，可以更好地发挥决策、计划和控制作用，以促进作业管理水平的不断提高。

（3）作业成本管理会计的时间组织模式。根据作业成本管理会计思想，与存货相关的作业（如存货的储存、搬运、保管等）都不能为最终产品增加价值，因此，必须消灭存货，实现"零存货"。而要做到"零存货"，就必然要求实行适时制（JIT）。因此，作业管理与适时制在作业链的基点方向彼此融合，适时制是作业管理在时间和空间上的经济模式。适时制的思想是：仅在必要的时候，生产必要数量的适合顾客要求的产品。具体来说，适时制是一种"拉动式"的生产系统，它根据顾客订货所提出的有关产品数量、质量和交货时间等特定要求作为组织生产的基本出发点，由后向前逐步推移，前一生产程序只能严格按照后一生产程序的要求进行生产，前一生产程序生产什么、生产多少、质量要求和交货时间等只能根据后一生产程序提出的具体要求来进行。如果严格地按照适时制思想组织生产，就可以实现企业供产销各个环节的"零存货"，消除与存货相关的不增值的作业。这正是作业管理所要达到的目的。

（4）作业成本管理会计的保障机制。适时制要求企业生产经营的各个环节能像钟表一样相互协调、准确无误地运转。任何环节出现故障，将导致整个生产秩序的混乱。为此，必须实施全面质量管理。全面质量管理以"零缺陷"作为质量管理的出发点，把重点放在每一员工的自我质量监控上，而不是事后的质量检验。生产过程一旦发现问题，立即采取措施，尽快进行纠正，以实现缺陷在生产第一线上瞬时自动消除，绝对不允许任何有缺陷的零部件从前一生产程序转移到后一生产程序上去，以保证企业整个生产过程"零缺陷"的实现。这是适时制得以顺利实施的必要条件。任何与废次品有关的作业，都是不能为最终顾客增加价值的作业，因而作业管理必然要求通过全面质量管理在生产过程中最大限度地消灭废次品。因此，贯穿于作业链的全面质量管理正是作业管理运行的保障机制。

作业成本管理会计体系的各个方面并不是孤立地存在，而是一个相互依存、相互联系的有机整体。它们共同作用，紧密协调、配合，为企业经营活动的顺利进行创造了条件。

（三）**作业成本管理会计带来的影响**

第一，作业成本管理会计改进了成本概念，拓宽了成本核算的范围，提高了成本管理的有效性。作业成本管理会计通过作业这个核心，把费用与产品成本联系起来，形象地揭示了成本形成的动态过程，使成本的概念更为完整、具体。它还把作业、作业中心、顾客和市场都纳入了成本核算的范围，形成了以作业为核心的成本核算体系和管理体系。作业成本管理会计以作业为核心核算产品或服务的成本，抓住了资源向成本对象流动的关键，可以更有效地进行成本管理，有利于全面分析企业在特定产品、劳务、顾客和市场及其组合以及各相应作业的营利性差别。

第二，作业成本管理会计可以提供决策有用的成本信息。作业成本管理会计根据因果关系按资源动因、作业动因分配间接费用，克服了传统成本计算按单一的分配标准分配间接费用所造成的成本信息扭曲，提供的成本信息具有更强的相关性。

第三，作业成本管理会计优化了成本形成过程及其结构。作业成本管理会计通过对成本动因的分析，揭示了资源耗费、成本发生的前因后果，指明深入作业水平，对企业供、产、销各个环节的基本活动进行改进与提高的途径，从而有利于消除一切可能形成的浪费，全面提高企业生产经营整体的经济效益。

第四，作业成本管理会计提供了便于不断改进的绩效评价及责任考核体系。传统成本计算忽视了可供资源与实际需用资源之间的差异，将未使用资源和非增值作业耗费的资源也计入成本对象的成本，严重影响了绩效评价的客观性。根据作业成本管理会计的基本思想，绩效评价可以更清晰地反映作业、资源在增加顾客价值过程中所起的作用。通过贯穿资源流动始终的因果分析过程，便于明确与落实各部门的岗位责任，揭露存在的问题，并结合非财务指标作为各作业中心绩效评价与考核的依据，从而调动各部门挖掘潜在的盈利能力，改善经营管理决策。

第五，作业成本管理会计从企业战略出发进行管理控制，有利于增强企业的竞争能力。作业成本管理会计重视整体持续优化作业链—价值链，注重价值链的分析和改进，在作业全过程中对产品设计、生产、质量管理等各方面进行控制和完善，促进作业管理的不断改进与资源的优化配置，不断提高最终产品或服务能给顾客提供的价值，使整个企业处于不断改进的状态，有助于持续增强企业的市场竞争能力。

第六，作业成本管理会计可以视为成本管理会计发展的一次革命。作业成本计算的贡献在于强调成本动因以及由此引起的作业链—价值链重构问题。

第二节　环境管理会计

面向 21 世纪，随着人们对企业可持续发展观的重视，企业经营目标逐步从经济效率观念转向生态效率观念，由此产生了基于可持续发展观的环境管理会计。

一、可持续发展观点及其企业竞争优势的影响

（一）可持续发展观点

自从 20 世纪 80 年代以来，随着环境问题的进一步恶化，人们开始思考经济增长与环境保护之间的关系问题，并最终促成了可持续发展观念的提出：在不对后代人满足其自身需求的能力构成危害的前提下，满足当代人的需求的发展。这个观点强调生态持续、经济持续和社会持续并举，强调了经济与环境的双向相互影响。该观点提出后得到了国际社会的普遍接受，并对整个社会环境产生了重大的影响。许多国家政府加强了环境保护方面的立法工作，并将环境管理的工作，从政府对企业进行命令和控制的手段为主，转向政府与企业积极合作，实施以清洁生产、源头控制、预防为主的环境政策。与此同时，许多国家政府还积极借助利率、税收等经济手段引导企业的经济行为，以促使企业走上可持续发展的道路。有的国家通过制定严格的环境标准，规范和制约企业的行为。而在世界贸易的框架中，从 20 世纪 90 年代中后期起，出于环境保护的目的，对进口施加限制不再被视为违反自由贸易原则，"绿色贸易壁垒"成为客观存在的事实。同时，随着社会的环境保护意识增强，社会利益集团、消费者、供应商等对企业经济行为的环境后果比较关注，从而使企业行为置于社会的密切监控之中。

（二）可持续发展对企业竞争优势的影响

在这样的外部环境影响下，企业的内部环境发生了变化，竞争优势受到了影响。

首先，由于自然资源日益稀缺、环境污染日益严重，使基本生产要素的供求关系发生了转变，直接推动了生产要素（如水、电、土地等）的涨价，从而使企业成本上升，不确定性增强。同时，环境立法的加强，使忽视环境绩效的企业可能遭受罚款、赔偿等重大损失。另外，由于政府通过各种手段试图使导致污染环境的外部成本内部化，因此，严重依赖资源和污染环境的企业存在着成本上升的可能。这也使得资源依赖型企业在供应商讨价还价能力方面处于劣势，从而在市场竞争中处于不利状态。而在现代经济环境下，知识正在成为真正的资本和首要的财富，随着知识经济的到来，企业的核心资源已经由原来的物质资源向知识、信息等资源转化，企业的竞争从传统的厂房、设备等硬环境的竞争，转化为研究与开发、战略决策、经营管理等软环境的竞争。过度依赖资源的结果，将使企业竞争力下降。

其次，人们对环境问题的关注，使市场竞争格局发生了转变。保险公司、金融机构、证券市场的投资者开始关注企业的环境绩效，环境绩效对企业在取得资金、争取有利的保险合同方面产生了实质性的影响。消费者对企业环境行为的关注，也直接影响着其对企业产品服务的接受程度。有些企业借机以环保概念作为实施差异化战略的切入点，改变生产工艺，实现绿色经营，提供绿色产品的时候，不仅与未实现绿色经营的企业拉开了距离，夺走后者的市场份额，同时还给后者带来进入障碍。在环境绩效方面无所作为的企业，面临着行业内竞争加剧、绿色产品的替代威胁、与顾客讨价还价能力下降等种种不利后果。

不过，环境保护运动的兴起，环境标准提高，法律趋严，也给企业带来了战略机会。技术是竞争的主要驱动力。适应环境保护的需要，环境技术不断变革，从末端处理向清洁生产并进而向生态工业学方法转变。这种变革，使企业的经营效率、风险管理能力、资本获得能力、战略导向、市场需求、人力资源管理等发生了变化。如果能充分利用这种机会，则可以改变企业的竞争地位，从而提高其竞争力。

为了有效地识别经营活动的环境因素及其影响，确保经营行为符合环境法律法规要求，持续改进环境绩效，许多企业开始实施环境管理战略，引入环境管理体系。

二、现有会计体系的局限性

实施环境管理体系的目的在于：确认和评价企业当前或拟议的作业、所提供的产品或服务可能产生的环境影响；评估企业在发生事故或紧急情况时可能的环境影响；识别相关法律法规的要求；确保识别方案的优先顺序，制定适当的环境目标；有助于计划、控制、监督、审计和审核企业的作业，以确保其符合法律规定；能够适应变化的环境要求。

可以说，环境管理体系的实施过程，实际上就是管理活动的决策和控制过程，目的在于实现企业战略。管理会计，作为帮助管理当局在组织内部进行计划、评价和控制以及履行对企业资源的经管责任，而对信息（包括财务和经营信息）进行确认、计量、归集、分析、编报、解释和传递的过程，在企业的决策和计划与控制活动中发挥着重要的作用。但是，面对企业实施环境管理战略和环境管理体系的要求，管理会计表现得无能为力，甚至成为制约因素。其原因在于，会计信息系统作为企业最为常见的正式信息系统，在对信息进行加工整理时，过于注重财务信息，而忽视了非财务信息。而环境战略所关注的环境绩效，有许多是不能表现为财务信息的，一般只适宜表现为非财务的定量信息，例如，污染的排放量、土地的退化程度等。有的甚至无法量化，而只能做定性说明，例如，对湿地的影响等。即使是那些能够以财务信息表现的绩效，如环境成本的绩效，也由于种种原因而没有得到全面的反映。例如，当采购危险品的时候，会计系统只将买价、材料采购和整理费用等反映到材料成本，但是，由于危险品的使用，而使企业所增加的风险管理成本、危险品保管、转移和处置等相关成本只反映在管理费用上。这就使危险品的实际成本没有得到全面反映，危险品与一般材料之间的环境绩效差异无法体现出来，从而使企业在采购何种材料的决策中不能得到全面的信息。不仅如此，会计的控制职能也无法得到充分的发挥。危险品一旦为生产所领用，就从会计系统"蒸发"了，人们只知道其进入了生产车间，至于其实物存放、形态、后续处理等，则无法通过会计系统进行控制，更不能体现在企业的绩效报告上。因此，在实施环境战略的时候，人们往往只能撇开会计系统，另寻其他系统的支持。

然而，战略的有效实施和绩效的改进需要准确的计量评估和信息的传递。在实施环境体系的时候，应当先计量绩效、审核绩效，最后才能向利益相关者报告绩效。识别、计量和分配环境成本，可以使企业发现改进的机会，在改善财务绩效的同时实现环境绩效的改善，从而改善企业与利益相关者的关系。但是，在实践中，环境会计的缺位使人们只能先进行环境审计，提供环境报告，实施环境管理体系，以发现问题，列出方案，并实施改进。这种顺序使得环境绩效的计量、评估、改进和沟通的作用大打折扣。然而，作为价值链的支持性作业，会计信息系统在企业价值创造过程中能够发挥重要作用，其信息有助于企业在动态和竞争性的环境下实现资源的有效利用，增加企业组织价值。因此，环境管理的需求和会计系统的局限迫使人们寻求管理会计系统的改进，以使其能够反映和控制环境绩效，为企业管理的新要求服务。

三、环境管理会计的提出背景

不过，环境管理会计的产生并非一帆风顺，甚至在很长的一段时期里，环境管理会计是没有名分的。对环境问题的关注，首先引发的是人们关注环境负债及其在财务报告的披露。1990 年，作为对英国经济学家皮斯在 1989 年所撰写的《绿色经济蓝图》首次提出环境核算一文的回应，格雷（Gray）撰写了《绿色会计：Peace 后的会计职业界》，研究了环境问题对会计的启示和会计界可能对环境保护所做的贡献，从而掀起了人们对企业环境会计问题的重视。环境会计研究，也因此从社会会计研究中以单独的名称独立出来。20 世纪 90 年代开始，环境会计研究迅猛发展，出现了与各个相关学科和研究领域交叉互补的趋势，形成了不同的研究视角。在宏观层面上，以 1992 年联合国环境与发展大会上改进国民经济核算体系的提议为代表，出现了建立环境与经济综合核算系统的研究。

在中国，由国务院发展研究中心牵头，也开展了如何将自然资源核算纳入国民资产负债表，如何建立中国的资源经济环境综合核算体系研究。在微观层面上，环境会计的研究，主要包括对环境信息披露、环境审计和管理会计等方面的研究。正如美国环境保护局在其研究报告中所提到的，"环境会计"这个会计术语可以在三种不同的背景下使用：国民收入会计、财务会计和管理会计。国民收入会计是对宏观经济的计量，例如，用 GDP 反映社会经济福利。在此背景下使用环境会计概念，则表示用实物或货币单位反映国家自然资源的消耗量，也称为"自然资源会计"。财务会计是按照公认会计原则为企业的投资者、债权人和其他外部使用者提供财务报告。在此背景下使用环境会计概念，则指对环境负债和重大的环境成本进行估计和报告。管理会计要为企业内部管理需要进行信息的确认、收集和分析。在此背景下使用环境会计概念，则指在企业的经营和决策过程中如何利用环境成本与环境绩效的信息，如在成本分配、资本预算和流程或产品设计中考虑环境成本和效益。所有这些研究，不管是宏观的，还是微观的，无论是侧重于信息披露或审计，还是管理会计，基本上都冠以"环境会计"的研究。因此，当提到环境会计时，如果不加说明，人们可能无法知道其具体所指。

不过，名称的不确定并没有影响人们对环境管理会计研究的热情。环境管理会计顶着环境会计、与环境有关的管理会计、环境差别管理会计、为企业决策服务的环境会计等诸多名号而存在。关于其定义、方法、实践等研究不断出现，直到 1999 年，联合国成立了"改进政府在推动环境管理会计中的作用"专家工作组，并召开了第一次会议，统一了各国实践的名称，这才首次提出了环境管理会计的概念，同时号召各国政府积极促进推行环境管理会计。

第三节　行为管理会计

行为管理会计是行为科学与管理会计相融合的一个管理会计分支。因此，行为科学是行为管理会计的理论基础。本节讨论行为科学基本理论及其与管理会计的关系。

一、行为科学理论及其发展

行为科学是一门专门研究人类行为客观规律的综合性学科，它主要是运用心理学、社会学、生理学、人类学、遗传学、政治学、管理学、经济学等多门学科的研究成果和基本理论，研究在社会经济环境中人的行为产生的原因和影响人的因素，探索如何根据人类行为的规律调整人与人之间的关系，提高对行为的预见性和控制能力。其目的在于引导和激励人们充分发挥其主动性、积极性和创造性，从而能够最大限度地利用人力资源来提高经济效益。

行为科学有着悠久的发展历史。100 多年前，为研究人类行为如何产生，约翰·布劳德斯·华生根据"小白鼠跑迷津的实验"得出动物和人的行为都是学习的结果，开创了人类研究行为科学的序幕。1898—1901 年，美国工程师泰勒在工人中进行了"搬运生铁块实验"和"铁锹实验"，根据事前设计的动作和时间，研究如何提高工人的工作效率，总结出了"科学的管理方法，"出版了著名的《科学管理原理》一书。该书将标准成本、预算控制和差异分析引入管理会计。科学管理理论的前提假设就是人是追求经济利益的"经济人"。到了 20 世纪 20 年代，美国人梅奥进行了著名的"霍桑实验。"该实验认为，工人为"社会人"而非"经济人"，企业存在"非正式组织"。梅奥根据实验结果创建了著名的人际关系学说。该学说主要研究组织的个体行为、群体行为和组织行为。1949 年，芝加哥大学跨学科世界大会讨论了行为科学的一般性理论，正式确立了行为科学的科学地位。纵观行为科学的发展历程，它经历了从单纯的实验室研究、科学管理、人际关系到行为科学等阶段。行为科学研究的重点在于：人的动机研究、人的需求研究、人的激励研究、个体行为研究、团体行为研究、组织行为研究、领导行为研究等。在初期的研究中，都假定人为"经济人"随着研究的深入和环境的变迁，逐步把人假定为"社会人"。最近几年，随着科学技术的发展、组织结构的变革以及经济全球化，人类从工业经济时代逐步进入知识经济时代，行为科学研究的方向逐步从把人假定为"社会人"变为"文化人"。

行为科学的基本理论包括：

（一）重视人的因素。企业管理的关键在于人，人的能动性发挥的程度与管理的效应成正比，对人的管理和充分调动人的积极性是企业管理的核心问题。

（二）人是社会人。人是有生命、有思想、有感情、有创造力的一种复合体，人在社会实践中既能够改造客观世界，也能够改造自己的主观世界。

（三）人的行为由动机所决定，而动机则由需求所引起，即需求引起动机，动机决定行为，行为导致目标的产生和实现。

（四）对人的激励首先要满足人的各种需求。人的需求不仅有生理需求和物质需求，而且还有更为重要的心理需求和精神需求。人的需求存在着一个由生理需求向心理需求、由物质需求向精神需求这种从低到高的发展趋势。人的需求的多样性及其发展趋势，就决定了在企业管理中必须将物质激励与精神奖励结合起来，以便使管理部门采取的各种措施更具有针对性和实效性。

（五）企业管理必须重视组织行为的研究，进而提高企业领导和各级管理人员预测、引导和控制人的行为的能力，以便实现企业的既定目标。企业管理对人的行为最佳控制方法是把企业经营总目标分解为员工个人目标，进行员工个人行为的自我控制。

（六）重视对领导行为与领导方式的研究。这就要求企业领导必须充分注意员工的情绪和士气，加强对员工的感情投资，在企业形成一股内在的凝聚力，使领导与员工能够在感情和思想上相互交流，在工作上相互配合，从而确保整个企业能够实现在经营目标上的一致性。

（七）对人的管理，必须贯彻"人人是管理者，人人又是被管理者"的原则，要按照人的行为特性及其发展规律加强对人的思想管理，提高人的思维活动能力和心理承受能力，发挥人的组织效应，增强人的素质和创造力。

（八）劳动生产率的提高，除正式组织的作用外，还应充分考虑非正式组织的作用。

二、行为科学对企业管理产生的影响

自 20 世纪 40 年代由美国哈佛大学经济学家 Elton Mayo 创立的行为科学运用于企业管理之后，即体现出与传统管理理论明显不同的特点，它着重于如何在企业管理中有效地进行"激励"与"领导",强化了"以人为本"的理念,改变了传统管理理论和模式对人的错误认识,从忽视人的作用转向重视人的作用,由原来的以"事"为中心发展到以"人"为中心,由原来对"纪律"的研究发展到对人的"行为"的研究,由原来的"监督"管理发展到"动机激发"管理,由原来的"独裁式"管理发展到"参与式"管理。行为科学对企业管理的影响主要表现在以下几个方面:

(一)组织理论对企业管理产生的影响

侧重于行为观的组织理论不把企业的组成人员看作只是寻求经济利益的"经济人",而把他们看作具有感情、思想、需求、爱好和主动性、能动性的"社会人"。因而,这种理论以组织的社会心理观为基础,认为组织是一个社会单位,是一种社会的有机联合体。在这种社会有机联合体中,不存在像"利润最大化"这样一个单一的可以普遍适用的总目标。从长远的观点看,应把企业的长期健康发展看作是它的总体目标。为了有利于企业长期健康发展,就必须努力消除以"利润最大化"为单一目标可能导致企业侧重短期行为的种种消极因素。除利润外,还必须同时在科技开发、产品开发、产品的市场占有率、人才开发、生产安全、技术装备水平、生活福利设施、社会责任等各个方面同时下功夫,才有可能为企业长期的健康发展创造有利条件、奠定牢固基础。与此相联系,组织成员作为"社会人"而不是单纯的"经济人",他们的个人目标也是多样化的,应包括心理、社会和经济需求等各个方面,并不会以单纯追求经济利益作为其唯一的目标。因而,对人的激励因素也不能只局限于经济因素,而应同时包括心理、社会和经济等各个方面。

该理论的核心在于创造一种适当的激励环境,激励人们确立这样的行为准则(规范):进入组织的成员不能脱离整个组织而有所作为,也不能脱离组织而各行其是,在组织与成员之间形成一种同舟共济、患难与共的关系;每个成员只有为组织整体目标的实现做出最大贡献,成员个人的目标才能从中得到最好的满足；组织上下均以组织目标与组织成员个人目标之间的"协调一致性"作为一切行为的出发点。

与上述理论相适应，企业应以分权制的管理模式取代集权制的管理模式，废除那种自上而下单纯依靠行政命令进行管理的做法，而代之以广泛的"参与制"，实行"职权分散化""管理民主化"，建立良好的人际关系和团结、互助、友爱的组织气氛。因为只有这样，才能充分发挥组织每个成员的积极性和首创精神，并不断增强企业内部各级、各单位的活力和凝聚力，为整个企业长期健康发展提供有力的组织保证。

（二）激励理论对企业管理产生的影响

激励理论是正确处理人的需求、动机、目标、行为四者关系的核心理论。行为科学认为，人的动机来自需求，需求确定人的行为目标。激励作为人的一种内心活动，起着激发、推动、加强人的行为的作用。因此，在企业管理过程中，正确运用激励机制，充分调动组织内部每个成员的积极性、创造性，对于顺利完成组织的总体目标，具有十分重要的意义。

下面简要讨论在西方影响最大并具有代表性的两种激励理论。

1. 需要层次理论

需要层次理论是美国学者马斯洛于 20 世纪 50 年代初期提出的一种激励理论。马斯洛认为，人的需求可以分为五个层次，依次是生理需求、安全需求、友好与归属需求、尊重的需求和自我实现的需求。以上五个层次的需求，形成一种金字塔式的结构。关于需求与激励的关系，马斯洛认为，尚未得到满足的需求，具有最大的激励作用；较低层次的需求得到满足之后，较高层次需求的激励作用就会显示出来，并由下向上推移。马斯洛创立的需求层次理论的最大贡献在于：科学地揭示了人的需求的发展、动态的性质。一般而言，在较低需求层次上，经济的激励作用较为主要；需求层次越高，经济的影响力相对来说会越小，而其他方面的需求对行为的影响力就会越大。显然，这种理论对企业构建激励机制具有重要的指导意义。

2. 双因素理论

双因素理论是美国学者赫茨贝格等人于 20 世纪 50 年代末提出的一种激励理论，又称为"激励—保健"理论。这种理论认为，在经济发展到一定水平的条件下，影响人的积极性的因素大致上可分为两类：一类是避免不愉快或不满意的需求。这类需求与工作环境、条件和人际关系有关，如生活条件、工资待遇、人事关系等，近似需求层次理论的前三个层次的需求。这类需求得到满足，只能维持组织成员现有的积极性，使之不致降低，并不能形成对他们的激励，因而，称之为"保健"因素。如果这类因素得不到满足，就会引起人们的不满意或不愉快，人们现有的积极性也会因此降低；另一类是激励因素，如对才能的承认、工作取得的成就能得到组织公正而客观的评价、成长与发展的机会、事业的成就感与荣誉感等，相当于需求层次理论的后两个层次的需求。这类需求得到满足，就会给人以强烈的激励，因而，才可称为真正的激励因素。

可见，赫茨贝格的双因素理论与马斯洛的需求层次理论并不矛盾，前者可以看作是在一定经济发展条件下对后者的发展和具体化。

（三）决策模型对企业管理产生的影响

诺贝尔经济学奖获得者西蒙（Simon）提出的决策理论使人们对决策方法原来奉行的寻求最优化的准则有了重新认识。首先，决策模型的目标函数以效用函数取代价值函数，可以适应目标多样化的要求。因为扩展意义上的效用，可以有多种表现形式，非物质因素（精神因素）也可用"效用"的形式来表现。其次，在决策方法上，以满意性准则取代原来奉行的最优化准则，即企业的各级决策人从"主观的理性"出发，在决策中寻求的是他们自己认为"满意的解"而不是从"客观的理性"出发所要求的"最优解"。把决策人视为"寻求满意的人"，而不是寻求"最优的人"，使决策更符合客观实践。这是现代决策思想的重大转变，得到西方学术界的高度评价。与此相联系，在技术方法上，满意解可以用比较简化和近似的方法求得。它不像最优解，要通过许多复杂计算才能得到。这也有助于提高这种新的决策理论的实践性。

三、行为会计的发展历史及其研究成果

所谓行为会计，在最通俗的意义上就是说明谁、通过何种途径使得会计信息是这样而不是那样，这样或那样的会计信息对谁产生什么样的影响。但在严格的学术意义上则是指在会计技术方法基础上，利用行为科学和数学相关理论与方法，研究会计信息生产、传递和使用过程中各当事人的行为。

行为会计源于美国。从 20 世纪 50 年代起，西方会计职业界运用行为科学研究的成果，开始会计行为的研究，并逐渐形成会计学的一个分支——行为会计学。后经 20 世纪 70 年代和 80 年代在西方各国的迅速拓展和深化，现已成为西方会计最有希望的研究领域。行为会计的发展可分为三个阶段：行为会计的萌芽时期（这个时期主要研究预算对人的影响），行为会计的觉醒时期（20 世纪 60 年代，表现在研究人数增多，研究课题丰富，但尚未形成完整的理论体系），行为会计的发展时期（20 世纪 70 年代，表现在行为会计学术刊物增多，研究成果层出不穷，行为会计教育得到长足发展）。1981 年，美国会计学会"会计、行为与组织兴趣小组"的成立和 1989 年美国《行为会计研究》年刊的创刊，标志着行为会计的研究逐步成熟。

美国学者一直领导着行为会计研究的潮流，并取得了丰硕成果，其中包括"代理人说""实证会计理论""交易成本说""激进会计学""会计政治化理论""功能定位说""松弛理论""目标协调理论""文化决定论"等。对于这些理论学说，本书难以逐一详细讨论，只讨论它们的几个显著特点：

（一）相对独立的逻辑构思

一种理论学说是否成立存在很多判断标准，但其中最关键、最令人信服的是看其是否具备相对独立的逻辑构思。应该说，西方行为会计大多数理论学说都基本符合这个判断标准。以"代理人说"为例。"代理人说"的出发点是代理人关系，即一个或几个人雇佣另一个或几个人去履行特定的权利和责任时双方所形成的关系。前者称为委托人，后者称为代理人．通常的情况是代理人掌握着委托人无法掌握的私有信息，委托人与代理人处于信息不对称状态，从而产生两个基本的代理问题：1. 逆向选择，即代理人依据私有信息采取有利于自己、不利于委托人的行动；2. 道德风险，即委托人与代理人对可采纳行动的偏好次序不同，而委托人又无法观察代理人如何实际安排行动次序。代理问题造成组织效率损失。

在现实经济生活中，委托—代理关系就是企业管理层与股东、组织内部上下级或政府与公众的关系等。在企业组织中，私有信息、信息不对称主要包括会计信息以及与会计信息相交织的其他经济信息。这样，委托—代理关系的信息包括会计信息，代理问题同时是会计问题。"代理人说"的创立者基于上述前提，借用信息经济学和边际效用理论，分各种情况建立起数学模型，用来评估包括委托人与代理人在内的管理会计信息系统，在多大程度上缓解了两个基本的代理问题。换句话说，该系统在多大程度上激发了代理人公开私有信息，从而避免组织效率损失。

（二）学术渊源深厚

行为会计的各种理论学说，不仅都将自己的学术触角不同程度地深入心理学、社会学、经济学、政治学、组织行为学、人类文化学以及哲学和数学等领域，而且将这些领域的相关概念、方法和原理引进到会计领域，使之符合会计学的逻辑。以"功能定位说"为例。20 世纪 40 年代，美国心理学家邓克提出"功能定位"概念，认为人们总是本能地依据过去的经验将某些功能与某个实体联系起来，往往忽略该实体在新环境下具有的新功能。因此，尽管人们同该实体一起进入新的环境，但人们仍然把该实体与它的旧有功能联系在一起。

20世纪60年代，美籍日裔会计学家井尻雄士及其追随者借用"功能定位"原理来解释会计数据与证券市场之间的关系，创立会计学的"功能定位说"。他们认为，会计数据是证券市场的主要信息来源，直接影响市场价格，但这种影响是靠市场参与者（现有或潜在的投资者，包括股东和债权人等）阅读财务报表数据（诸如资产、负债、权益、收入、费用，特别是收益表末行的每股收益）并据以采取行动而发挥出来的。大多数市场参与者是会计门外汉，对会计数据的功能都抱有既成的看法。因此，当企业管理层通过会计政策（原则和方法）选择或蓄意歪曲改变会计数据的内容时，他们仍用既成的看法评价这些会计数据，不能从中区分真假虚实，其结果是市场参与者被"误导"，整个市场被愚弄。由"功能定位说"直接引申出来的两项主要会计对策是：1.增强会计准则的统一性，尽量缩小会计政策选择的范围；2.强化会计信息披露，对具有选择性的会计处理（如存货计价方法、折旧方法）、或有事项等应该通过财务报表注释或其他方式予以说明。

（三）客观上具有互补效应

我们不妨这样看，"代理人说"研究各类组织内部具有代理人关系的成员之间的互动行为与会计信息的关系，焦点在一个组织内部。"功能定位说"研究证券市场参与者的行为与会计信息的关系，焦点在组织外部的市场。"实证会计理论"有相当的内容研究企业管理层与市场参与者之间的互动行为及其与会计信息的关系，焦点在市场与组织的"结合部位"，而"交易成本说"则以市场特别是竞争微弱的市场为前提，研究企业之间的互动行为与会计信息的关系，焦点在组织与组织之间。应该说，这四项理论学说在微观领域配合得天衣无缝，因而被视为美国主流会计学在现代社会的延伸。而"激进会计学"却作为美国主流会计学的一种"反动"，依据柏拉图、黑格尔和马克思的哲学和政治经济学，将微观与宏观连成一体，侧重研究宏观领域既得利益集团的行为与会计信息的关系。它在同主流会计学的论战中，无意间弥补了主流会计学在宏观领域的缺陷，为美国会计学开拓出"全新的疆域"。如果用马克思历史唯物主义观点来观察，上述五个理论学说的视野限于经济基础，那么，从理论学说的称谓上容易发现，"会计政治化理论"和"文化决定论"则瞄准了上层建筑领域，它们分别说明相关的政治运作和"文化积淀"对会计信息生产、传递和使用的影响。

除上述三个特点之外，行为会计理论学说的另一个显著特点是用数学方法研究与会计相关的人类行为。按照通常的理解两者互不相容；其实不然，特别对"代理人说""实证会计理论""交易成本说"来说，如果没有数学方法的支撑，其分析过程几乎一步都不能进行。

四、管理会计的行为面发展

管理会计的基本职能是为企业有效的经营管理决策提供有用信息，并促进决策的有效实施，从而保证企业目标的顺利实现。为了使决策的形成和实施都能做到卓有成效，就必须十分重视对人的行为的激励和影响。这包括激励和影响企业经理人采取最有利于企业整体利益的行为，激励和影响企业员工为了保证企业整体目标的实现做出尽可能大的贡献。管理会计的职能本质上是一种行为职能，它把激励人的行为贯彻始终。因此，管理会计要在企业管理实践中发挥应有的作用，就必须十分重视其行为面。这是管理会计发展的一个基本方向。

（一）以古典理论为基础形成的管理会计行为面框架

以古典理论为指导形成的管理会计的基本框架，包括"决策会计"与"执行会计"两个方面。从总体上看，它为企业实现利润最大化服务。具体而言，包括以下几个主要方面：

1.协助管理人员正确地进行经营管理决策，科学地制定企业总体的利润最大化目标，以此作为对企业经济激励的集中表现，并把这个总目标综合反映在统一以货币形式体现于企业生产经营的全面预算，以此作为企业在一定期间内行为的目标。

2.将企业的总目标进一步分解到企业内部的各个单位，并根据权责一致的原则落实各个单位的经营责任。也就是将企业生产经营的全面预算进一步分解，落实为各个责任中心的"责任预算"，以此作为企业内部单位行为的准绳。

3.企业管理人员针对预算执行过程中的偏差，采取有效的控制措施，借以消除各种低效和浪费现象，以此作为对企业内部各单位职工行为的约束。

4.对各单位体现在责任预算的经营责任的履行情况进行分析、评价，并根据其成果的大小进行经济上的奖励或处罚，以此作为对企业职工行为的激励。

总括起来看，以古典理论为基础形成的管理会计的行为观，其主要特点在于：（1）服务目标的单一化，局限于为企业实现利润的最大化服务；（2）提供信息的单一化，局限于提供用货币形式表现的经济信息；（3）激励因素的单一化，对人的激励局限于经济利益方面。显然，所有这些都与上述以行为科学为基础形成的组织理论、激励理论和决策理论相背离。

（二）以行为科学为基础形成的管理会计行为面框架

总体上说，以行为科学为基础形成的管理会计的基本框架，仍可分为"决策会计"与"执行会计"两个方面。它们不是对以古典理论为基础形成的管理会计的根本否定，而是以前者为基础，在有关方面进一步地丰富、发展和提高。

1.在决策会计方面，适应决策目标从单一化向多样化转变，决策方法从最优化准则向满意性准则转变，决策会计要认真研究：（1）如何协助企业正确地进行目标多样化的决策，达到切实可行的"满意解"，并做好多目标之间的协调配合；（2）如何协助企业内部各级、各单位以至组织成员个人正确地进行目标多样化的决策，达到切实可行的"满意解"并做好各个层次横向的多目标之间的协调配合；（3）如何协助做好纵向各个层次的多目标之间的协调配合，以达到企业总体目标与其各级、各单位以至组织成员个人目标之间的协调一致。

2. 在执行会计方面，执行会计主要关注：（1）管理控制要改变过去依靠行政命令进行强制为主的做法，而代之以充分发挥多种激励因素（物质的、精神的）的作用，依据激励—贡献之间的最佳关系，采取最有效的激励措施，激励、引导企业各级、各单位以至组织成员个人为实现企业的总体目标做出最大贡献，并使他们同时感觉到他们各自的目标（需求）也可从中得到最好的满足。这对于充分调动企业各级、各单位以至组织成员个人的积极性极为重要。而要找出激励—贡献之间的最佳关系，就要认真分析各种激励因素"相对作用力量"的大小，它既因人而异，对同一个人也会因时而异。（2）绩效的计量、评价和控制要采用多样化的指标体系，既包括货币形式的指标，也包括非货币形式的指标；既包括反映物质因素的指标，也包括反映精神因素的指标，借以最有效地调动企业内部各级、各单位以至组织成员个人的积极性，促使他们遵循局部与整体"目标一致性"的原则，最好地完成预定的目标体系，并从中总结经验教训，为下一阶段提出较高或恰当的目标奠定基础。

第四节 企业运营流程管理会计

一、管理会计与流程管理概述

企业必须通过流程来实现公司的战略规划和重大决策。流程管理成为战略和决策得以有效贯彻执行的关键。流程的最初含义是指水流的路程。

在企业管理中，我们引申为事物进行中的次序或顺序的布置和安排，或指由两个及以上的业务步骤完成一个完整的业务行为的过程。

英国皇家特许管理会计师协会（CIMA）2015年发布的《管理会计师的基本工具：支持企业取得可持续成功的工具和技术》中提出：在管理会计领域，有着多如繁星的工具、方法和技术。当我们打开各类管理会计的教材和著作，扑面而来的是成本性态分析、本量利分析、标准成本、战略成本、作业成本、全面预算管理、责任会计、绩效评价等各类工具。这些教材和著作都分开来一一详细论述了这些工具各自的具体应用问题。

这些教材和著作存在的首要问题是：几乎没有教材和著作去分析我们为什么要用这些工具一"为什么要用"的问题比"具体怎么用"的问题更为关键。如果在实践中企业管理根本不需要这些工具，那么所有的学习就都是无用功。

现有的各类管理会计教材和著作存在的第二个问题是：所有的工具、技术和方法都是割裂开来一一论述，预算与成本、成本和责任会计等，在教材中看起来好像不存在任何关系，任何工具拿出来都可以独立成章。显然，这不符合企业的管理实际——所有的管理会计工具之间都是互相嵌套、互相影响、难以割裂的。管理会计如果要具有生命力，各类工具就必须与企业形成血脉相连的关系。因此，在管理会计的实践中，必须考虑不同工具的逻辑关系，并且使管理会计的不同工具在一个企业的实践中有效融合。

从融合的角度来看，管理会计在企业中的实践有多重境界：第一重境界是企业从来不知道管理会计的存在，没有任何最基本最起码的管理会计的应用；第二重境界是企业意识到了管理会计的重要性，并引入了各类管理会计工具，但是所有管理会计工作都是财务部门自己在做，业务部门几乎没有参与进来，结果没有一样管理会计工具是能够真正发挥作用的；第三重境界是企业引入了管理会计，也确实影响到了各部门的工作，但是业务部门觉得有管理会计还不如没有管理会计来得好，管理会计的应用成为业务部门的一种负担；第四重境界是企业的管理会计融入企业的流程管理中，让人感觉不到管理会计的存在，但是又无处不在应用管理会计——此处无声胜有声，方是管理会计实践的最高境界。

我们认为，企业要达到第四重境界，核心在于：管理会计的各类工具必须通过管理会计与流程管理的有效结合，实现业务和财务的有机融合，通用的总裁斯隆曾经说过："财务不可能离开运营，存在于真空之中。"可以说，在企业管理中，离开业务流程讨论管理会计问题，将使管理会计成为无源之水、无本之木。管理会计必须走进流程，走进业务，这样才具备"行"的生命力。

流程以客户需求为起点，以满足客户需求为归宿，追求经济绩效目标的实现，经济绩效目标在管理会计中则体现为全面预算；流程的过程中，产生成本费用，因此成本管理必须以流程为抓手；流程的过程中，潜藏着各种风险，因此风险管理和内部控制必须嵌套到流程中才能落实；流程的过程中，可能存在着无效的环节和步骤，因此需要运用价值链分析来消除无效部分；流程的过程中，会产生各种质量问题，因此只有改进流程管理，质量管理才能真正发挥作用，流程以经济绩效报告为终点，经济绩效报告即管理会计报告的核心内容。可见，管理会计与流程管理是水乳交融的关系：管理会计通过流程发挥作用，流程运用管理会计来降低成本、控制风险和提升效率及效果。

二、基于管理会计角度的流程设计逻辑

企业的首要职能是实现经济绩效。企业的一切业务流程都应当围绕着经济绩效的目标展开。企业目标对具体业务行为施加的压力，对具体业务流程而言是一种向心力。具体业务流程对于企业整体目标而言有时候可能会发生偏离，从而产生离心力。当离心力的能量足够大的时候，具体业务

流程就会脱离企业目标。一切脱离企业目标的具体业务流程都是企业不能容忍的资源浪费和无效运作。为了保证企业具体业务流程对企业目标的向心运动，就需要对具体业务流程可能的离心力施加管理会计的控制。而实现经济绩效为起点的对具体业务流程的管理是管理会计系统的理想状态，因此，对基于经济绩效的业务活动的一切必要管理是管理会计实践的逻辑起点。

为了明确公司业务活动中哪一些是基于企业经济绩效目标，消除业务流程中的不增值环节，我们要进行企业流程再造。企业流程再造，是指由组织过程重新出发，从根本思考每一个活动的价值贡献，然后运用现代的资讯科技，将人力及工作过程彻底改变及重新架构组织内部之间关系。流程再造的核心是面向顾客满意度的业务流程，而核心思想是要打破企业按职能设置部门的管理方式，代之以业务流程为中心，重新设计企业管理过程，从整体上确认企业的作业流程，追求全局最优，而不是个别最优。

在流程再造的过程中，要充分运用信息技术，设计合理的信息交流与沟通的路径。合理的信息交流与沟通路径的设计是流程再造时从管理会计整合的角度看必须完成的重要基础工作。随着信息技术的运用，企业各个部门孤立的信息处理和传输机制被打破，贯穿于企业各个部门基于协同合作和内部业务流程重组的新型信息机制建立起来，公司内部各部门员工可以依托内部信息共享平台方便地进行信息交流，同时与公司外部合作伙伴或客户等的信息交流系统也得以完善。公司信息系统方面，制造资源计划（MRP）和企业资源计划（ERP）得到了广泛的应用。公司各个部门之间的信息交流跨越了孤立的单个部门，覆盖了主要的业务流程，使得公司的战略重点过渡到对业务流程的优化方面，而不是单纯的业务单元的优化。在流程再造时，必须充分考虑管理会计对信息系统中的信息交流路径的需求，理想的状态是实现业务流程、管理会计、信息交流路径的统一和融合。

为了保证业务流程按预定的轨道朝企业经济绩效目标前进，必须通过管理会计实现对业务流程的事先、事中和事后全过程管理。管理会计通过组织结构及授权制度和全面预算管理对业务流程进行事先管理，通过业务循环管理对业务流程进行事中管理，通过会计信息系统以及内部审计进行事后反映，从而确保了全过程管理的实现。因此，管理会计通过五个模块的嵌入，实现与业务流程管理的融合。

三、基于业务流程的全面预算管理

全面预算管理是管理会计的事先管理工具，其本质是一种经济绩效管理系统——在有限资源的约束条件下，以对投入资源的最优配置及对投入产出的过程控制，保证经济绩效目标的实现。

预算管理最初的时候主要是财务部门的财务预算管理，后来随着预算管理在企业中的运用越来越广泛，逐步演变为全面预算管理。全面预算管理上承战略和决策，下接具体业务行为。称为"全面"预算管理是因为预算管理囊括了企业人、财、物方方面面的管理。从全面预算管理与业务流程的关系来看，两者是你中有我、我中有你的关系。预算管理与业务流程的关系如下：

首先，全面预算管理所确定的绩效目标是所有业务流程的起点。预算管理的功能为从企业资源投入角度在第一时点控制全部业务活动的开展与资源的投入。公司的经济绩效必须基于资源配置最优化，预算编制是实现资源最优配置的手段，预算编制过程就是资源配置的过程。企业各部门发起业务流程的时候，必须查看相应的业务预算。全面预算管理需要通过业务流程来得到执行和落实。资源能否如预期般有效运作取决于对已配置资源运作过程的预算执行控制。因此，预算管理必须嵌入所有的业务流程中。

其次，全面预算管理必须基于业务流程来展开。预算编制最基本的逻辑是把企业的目标分解为各部门的分目标，各部门为了实现这些分目标，未来应该做什么事（业务计划），做这些事需要花多少钱或者产生多少收入（预算）——做什么事，花（收）多少钱，编多少预算。预算执行的过程就是各业务部门做事情的过程，而做事情必须按照业务流程的规定，因此预算执行必须有业务流程管理的支持。正因为全面预算管理是以业务流程为基础，所以在预算管理的过程中，企业的所有部门都需要参与到这一工作中——财务部门不可能全部知道其他部门明年具体有哪些目标、要做哪些事情、做这些事情会有多少投入和产出。

基于业务流程的全面预算管理有如下要点：

（一）凡以价值计量的一切资源及运用，都是预算管理的对象。影响公司经济绩效的一切因素都通过预算进行管理。公司的管理通道得到整合，通过预算这一个工具就可以获取公司的业务流、资金流、信息流、人力资源流等全部管理信息并加以管理。

（二）进入预算的资源和业务才可进入实际运作过程。在预算系统下，一切投入必须有预算。预算是所有业务活动的前提和获取资源的唯一途径。

（三）所有进入运作的资源和业务，必须接受不同程度的合理性审核。预算必须跟踪重要业务的投入资源的过程和产出。

（四）预算管理主要依赖基于经济绩效为逻辑起点的业务流程管理对相关业务行为的控制，而不是直接控制所有的具体业务行为。

管理会计中，预算管理是一项重要的工具和方法。在实践中，应当避免一些关于预算管理的错误观点。

首先是预算编制的精确性问题。其实，预算编制准确是伪命题。预算管理是帮助我们按照公司的战略去配置资源创造价值，是帮助我们去改进管理，是一种工具而已。预算的编制是基于我们对未来的预期，而当这种预期真正到来的时候，与我们的设想有所差异，那是理所当然的事情——我们无法让事情按照我们所设想的剧情一成不变地发生。从预算管理和业务流程的关系来说，业务流程化就是预算执行过程，而业务是动态的，因此，预算自然而然也是动态发生的。其存在的一个重大缺陷是：想当然地认为预算管理者掌握了关于未来的充分信息，或者说比主管领导掌握了更多关于未来的信息，而现实情况是没有任何人能够掌握未来的充分而完美的信息，除非是已经过去的历史。

还有就是预算管理与业务流程脱钩严重。很多企业的预算管理已经形成僵化的固定格式，有非常多的各式预算表格，大家把预算填写完毕，预算管理就算完成了——这是典型的为了预算而预算。最后预算就成了财务部门一个部门的事情，全面预算也就成了财务预算。比如，多数企业的预算管理手册中都会提到要采用零基预算方法。零基预算是指在编制预算时，不考虑以往期间所发生的数额，而是以所有的预算为零作为出发点，一切从实际需要与可能出发，逐项审议预算期内各项成本费用的内容及其开支标准是否合理，在此基础上编制预算的一种方法。但是，按照上述定义，是不可能编制出零基预算的。

其次是预算管理与业绩考核激励的关系问题。很多企业用预算目标是否完成来考核，低于预算目标由于预算未达成而考核不合格，高于预算目标太多由于预算不够精细也考核不合格，这么做结果只能是让大家说谎——报一个自己确保能完成的目标，而不是自己尽最大努力才能完成的目标。

如果不能创造价值甚至妨碍创造价值，预算编制得再准确又有什么用？要实现有效的管理会计，必须"不忘初心，方得始终"，而这个初心，就是经济绩效。

四、业务流程中的风险管理与内部控制

从最近的风险管理和内部控制理论中，我们可以看到，企业的风险管理和内部控制是一个过程——这个过程，就是风险管理和内部控制融入业

务流程的过程。风险控制既是财务部门的事情，又不是财务部门的事情，这句话有点绕口，但是很能说明风险管理和内部控制的实质。所有的风控理论和框架都提出要建立一个专职负责风险管理和内部控制的部门，比如，我国财政部发布的《企业内部控制基本规范》第十二条规定："企业应当成立专门机构或者指定适当的机构具体负责组织协调内部控制的建立实施及日常工作。"因此，风险控制成为财务部门的事情。但是，风险控制的对象是经济活动过程中的风险，而风险的根源在于业务。财务部门本身从事的经济活动过程并不多，经济活动的主要部门是各类业务部门。风险控制最重要的是要让业务部门自身对风险进行控制，而不是仅仅依赖于财务部门。因此，风险控制其实又不是财务部门的事情。概言之，风控应该是整个公司所有部门和员工的事情，而不是财务部门一个部门的事情。如果成为财务部门一个部门的事情，则即便财务部门累得半死，风险也永远无法得到真正有效的控制。

风险来自企业开展的各类业务。如果企业不存在，或者说企业没有任何业务，那么，也就不存在企业的风险管理问题。

从企业业务全过程来看，可以划分为战略规划业务、重大决策业务、具体执行业务以及结果评价业务。相对应地，企业的风险包括战略风险、决策风险、执行风险和评价风险。企业的风险管理和内部控制必须通过对战略规划业务流程、重大决策业务流程、具体执行业务流程和结果评价业务流程管理来实质性地规避、缓解、降低风险，保证企业的风险在可以容忍的程度之内。例如，企业必须设计并执行好战略规划业务流程和重大决策业务流程。一般来说，企业通过良好的公司治理来控制战略和重大决策风险——股东大会、董事会和高级管理层之间进行必要的权力的平衡，将战略和重大决策的建议、制定、批准、执行和监控的职能分开，避免出现一言堂所带来的独断专行。董事会下设战略委员会审核公司现有的战略并制定未来的战略，高级管理层通过公司内部战略规划部门，草拟公司的战略规划并提交董事会。董事会审核公司战略规划通过以后，最终提交股东大会审议批准。

通常，企业需要通过强化合同管理来规范其经营行为，防范法律风险，有效维护自身的合法权益，保证经济绩效目标的实现。因此，企业需要制定符合相关法律法规和企业目标的合同管理制度。但是，如果缺乏合同管理业务流程，将会引起各种风险：合同内容不完整，影响合同履行，致使生产经营受到影响；合同权利义务约定不明确，存在或然风险；合同条款不完善，出现加重企业责任或排除企业权利的情形，不利于企业合法权益的保护；违反相关法律、法规，导致合同不能成立、无效或被撤销；违反相关法律法规、侵害社会公共利益，受到行政或司法惩处；与企业整体绩效目标不一致，损害企业的经济利益。

为了防范各种合同风险，一个比较完整的、融入管理会计的合同管理业务流程包括：

（一）合同依据。合同主办部门应在本部门职责范围和权限内根据公司生产经营计划和预算订立合同。生产经营计划（预算）包括但不限于物资采购计划（预算）、产品销售计划（预算）、大中小修计划（预算）等。

（二）资信调查。合同主办部门应当审查或者配合内部资信管理部门审查拟签约对象的主体资格、资信情况及履约能力等，进行综合分析论证，合理选择签约对象，必要时可提请相关部门予以协助。

（三）文本选择。签订合同时，第一应使用企业法律事务部门颁布的合同示范文本；第二，使用对方在法律事务部门颁布的合同示范文本基础上修改形成的合同文本；第三，使用双方共同拟订的文本；第四，使用对方合同文本。

（四）合同会签及审批。合同主办部门根据合同的性质、种类、关联程度等确定合同会签部门，会签部门一般包括业务关联部门、计划部门、财务部门、法律事务部门等。合同会签的表现形式为《合同会签审批表》。各会签部门根据职责分工对相关条款进行审查，在《合同会签审批表》上发表会签意见。企业可采取业务信息管理系统等电子形式，进行合同审批工作，其审批流程设计应满足合同会签流程的要求。财务部门从企业经济绩效目标的角度对合同发表意见。会签部门有不同意见的，合同主办部门应主动与会签单位协商，取得一致意见；无法取得一致意见的，列出各方的理据，按规定权限报批。履行完会签程序的合同，按规定权限审批。经济类的合同必须经过财务部门的会签。在会签的过程中，会计师们需要按照合同的类别，分别考虑不同的管理会计问题。比如，对于采购合同，会计师们需要考虑采购价格、采购时间、付款条件、采购地点、采购风险等，从而可以帮助企业事先管理好库存，并控制好原材料成本。对于销售合同，会计师们需要考虑销售价格、收款条件、客户资质以及风险等，从而帮助企业获取更高的利润并保证及时收回现金。

（五）文本审核。合同签署前，文本必须经过合同管理员审核。

（六）合同编号。合同文本经过法律审核后，应当在合同签署前按照企业的有关合同规定对合同进行编号。

（七）合同签署。除法定代表人外，签约人应当持有授权委托书，在授权委托范围内签订合同。签约人在获得授权委托书前，不得对外签订合同。

（八）合同盖章。合同签署后，合同主办部门应当按照规定申请加盖合同专用章。盖章时，合同主办部门须同时出示《合同会签审批表》和相应授权委托书。合同一律使用合同专用章。合同超过一页的应加盖骑缝章。合同专用章由法律事务部门统一管理和使用。合同经编号、会签、审批及授权签约人签署后，方可加盖合同专用章，并建立合同专用章使用登记本。合同专用章使用后，应当立即收回并妥善保管。

（九）合同履行。合同履行过程中发生对方违约、履行不能等异常情况时，合同主办部门应及时通知法律事务部门并积极配合专职合同管理员处理。合同履行过程中发生合同纠纷的，按照企业的合同纠纷处理规定进行处理。

（十）合同终结。合同履行完毕后，合同主办单位应向合同管理人员申请办理销号手续，实行合同全过程的闭环管理。

（十一）合同台账和报表。合同管理台账的主要内容应该包括：合同编号、合同名称、标的名称、合同类别、合同金额、履行期限、我方承办单位、我方签约代表、对方名称、对方签约代表、合同文本份数、招标议标及谈判情况、合同审查情况、签订日期、签订地点、履行情况、终结情况、备注等。

（十二）合同检查。企业应当建立合同监督检查制度。

会计师通过多个环节融入了上述合同管理业务流程中：合同依据中包括业务计划和预算，预算管理是管理会计的工具之一；合同会签和审批环节，会计师可以对合同是否符合企业的业务目标和绩效目标开展分析，从而做出是否应当签订合同的判断；在合同台账和报表环节，可以对企业的收款和付款做出预测分析，从而做好资金管理；在合同检查环节，可以评价合同业务流程是否合理并得到有效执行。在此基础上，会计师们可以帮助企业提高合同质量，防范各类合同风险。

五、业务流程与成本管理

（一）业务流程下的成本观念

传统的管理会计中，成本管理是核心内容，也是研究最深入的一个领域。成本性态分析、本量利分析、标准成本、作业成本、目标成本、责任成本、战略成本等成本管理的工具繁多。业务流程产生成本，成本管理只有在业务流程管理中才能实现。这些工具要通过业务流程，整合到一起来运用，比如标准作业成本、以作业成本为基础的目标成本分解，基于业务流程的成本管理，要求我们更新成本观念。业务流程服务于客户，因此，我们需要从客户的角度来认识成本。传统的成本会计里，只要是企业发生的支出，不管是否对客户有价值，会计师们都会采取各种计算方法，计入成本中。我们想当然地认为成本费用越低越好，然而，成本只有与经济绩效联系在一起的时候，才会对成本管理有正确的认识。德鲁克在《成果管理》一书中指出："成本不是独立存在的。它总是为成果而发生的，至少是在目的上。因此，重要的不是成本的绝对水平，而是付出的努力与成果之比。无论付出的努力有多么省钱或有效率，如果没有成果，它不是成本，而是浪费。如果它自始至终都不能产生成果，它从一开始就是不合理的浪费。因此，机会的最大化是提高付出的努力与成果的比值的重要途径，从而实现对成本的控制和获得低成本。机会的最大化必须摆在第一位；其他成本控制的措施发挥的是补充作用，而不是中心作用。"

经济绩效不是来源于企业内部，而是来源于企业外部。严格意义上来说，企业内部没有利润中心，只有成本中心。于任何业务活动来说，无论是设计、销售、制造还是会计，我们唯一可以确定的是这些业务活动需要企业付出努力，因此产生成本。成果不依赖于企业内部的任何人或受企业控制的任何事情。成果取决于企业外部的人——市场经济中的客户。决定企业付出的努力是否转化为经济成果或是否会落得竹篮打水一场空的总是外部的客户。

根据以上分析，所谓成本，是指客户为获得某些商品或服务，并从中获得全部用途而付出的代价，而不是企业所发生的支出。

（二）有效的成本控制

大多数会计师凭空想象地认为，收入必然与成本相配比，然后，成本会创造收入，而且大多数会计报表也是以这样的假设为基础。但是，这种循环不是一个闭环的回路。收入显而易见地产生用于成本支出的资金。但是，在经营的过程中，任何企业都不可能做到不浪费它所付出的努力——就像任何机器在运转的过程中不可能没有摩擦损失一样。像摩擦可以减少一样，企业坚持不懈地开展成本分析和成本控制，引导企业付出的努力转变为创造收入的活动，企业的绩效和成本绩效是可以大幅提高的。如果没有成本分析和成本控制，成本往往不由自主地分配给什么也创造不出来的活动，分配给完全碌碌无为的活动。

有效的成本分析和成本控制需要遵循以下几个原则：

1. 以客户为出发点定义成本。对于客户有价值的支出才是成本，否则就是浪费。很多企业降低成本的典型计划的目标是让所有活动的成本都减少一点，比如5%或10%，而不是基于成本对于经济绩效的贡献的分析。这种"一刀切"的降低成本的方法多是无效的，在最差的情况下，它易于削弱创造出成果的重要工作，而这工作在启动阶段得到的资金通常满足不了它们的需要。但是，纯粹属于浪费的工作几乎得不到降低成本的典型计划的关注，这是因为它们在一开始就拥有了充足的预算，这非常具有代表性。

2. 与业务流程融合，把整个企业的业务活动视为一个成本流，采取价值链方法，运用价值工程分析每一项业务活动的成本与绩效。在降低成本上，最有效的方法是完全砍掉根本不应做的事情。

3. 着眼于整个企业甚至是整个行业的经济链。单一环节的成本控制有时候会适得其反。例如，为了降低制造环节的成本，企业将调整的负担推给存货和仓储部门。为了减少存货的成本，企业将无法控制的、起伏不定的成本推给了上游的制造环节。在大幅降低某些原材料的价格带来的成本后，企业却不得不处理质量非常差的替代原材料，机械加工的时间更长，速度更慢，成本更高。这样的例子层出不穷。

（三）作业成本法

能够帮助我们实现有效成本控制的方法，就是作业成本法。作业成本法的指导思想是"成本对象消耗作业，作业消耗资源"。作业成本法把直接成本和间接成本（包括期间费用）作为产品（服务）消耗作业的成本同等地对待，拓宽了成本的计算范围，使计算出来的产品（服务）成本更准确真实。作业是成本的核心和基本对象，产品成本或服务成本是全部作业的成本总和，是实际耗用企业资源成本的终结。

传统的成本会计法是按照现行的会计制度，依据一定的规范计算材料费、人工费、管理费、财务费等的一种核算方法。然而，按照传统的成本会计法，不能反映出所从事的活动与成本之间的直接联系，实际成本通常是无法被提取出来的。在传统的成本会计法下，成本会计师必须为企业所花的每一分钱找到出处。由于成本会计师不能证明哪些成本是在制造这个或那个产品的过程中直接产生的，因此他必须分配成本。成本会计师假设所有的非直接成本要么与直接成本成正比例，要么与产品的销售价格成正比例。只要分配的数额只占所有成本的一小部分，即 10% 或 20%，这种做法就是无可非议的。在生产活动中，50 年前的情况就是如此。然而今天，在所有成本中，大部分成本都不是直接成本，即大部分成本不是在生产出一个单位的某种产品时产生的，也不只是在这个过程中产生的。只有在外面采购的原材料和物资仍旧可以被视为真正的直接成本。今天，甚至所谓的直接人工成本也不随着单位产量的起伏而波动。无论工厂提供什么样的产品组合，它都是几乎不会发生变化的。无论总产量有多少，大多数直接人工成本甚至都不会发生变化。大多数制造行业和所有服务业的劳动力成本都是与时间有关的费用，而不是与产量或产品数量有关。在现代企业中，除了原材料成本外，其他成本都是随流程的变化而变化，而且是由流程决定的。

而作业成本法相当于一个滤镜，它对原来的成本方法做了重新调整，使得人们能够看到成本的消耗和所从事工作之间的直接联系，这样人们可以分析哪些成本投入是有效的，哪些成本投入是无效的。作业成本法主要关注业务流程，关注具体业务活动及相应的成本，同时强化基于活动的成本管理。作业成本法在精确成本信息，改善经营过程，为资源决策、产品定价及组合决策提供完善的信息等方面，都受到了广泛的赞誉。自 20 世纪

90 年代以来，计算机信息技术的普及，使得作业成本法的推广成为可能，世界上许多先进的公司已经实施作业成本法以改善原有的会计系统，增强企业的竞争力。

成本大体上与业务流程中的活动直接成正比例，这种说法很少会让人感到惊讶。例如，5 万元订单的处理成本通常不会超过 500 元订单的处理成本，前者的成本当然不会是后者的 100 倍；设计一个卖不出去的新产品与设计取得成功的产品，企业要付出同样高的代价；小额订单和大额订单在文案工作的成本上是相差无几的，即都要做相同的工作，如订单的记录、下达生产通知、安排进度、计费和收款等。对小额和大额订单来说，设计、制造、包装、储存和运输产品的成本甚至几乎是相同的。对小额订单来说，实际的制造活动是唯一占用时间比较少的环节；在今天的企业中，这通常是次要的成本因素。其他所有活动需要的时间和处理工作都是相同的。

传统的成本会计法衡量的是工作的成本，例如切割螺纹。作业成本法还记录了非工作的成本，例如机器停机的成本、等待所需的零配件或工具的成本、等待装运的存货的成本和重新加工或拆掉存在缺陷的零件的成本。非工作的成本常常相当于，而且有时甚至超过工作的成本。传统的成本会计法不记录也无法记录这些成本。因此，作业成本法不仅可以更好地控制成本，而且越来越能够控制成果目标的实现。

（四）流程中的作业

会计师在管理会计实践中，需要确定适当的作业单位。在企业的许多作业中，我们如何确定哪一项作业代表着实际的成本结构？一成不变的答案是不存在的。这是由企业的性质决定的，而不是由传统的会计观念决定的。

在许多企业中，发出的发货单的数量是最简单和最容易得到的作业单位。由于企业围绕着发货单的数量来组织占用大量成本的文书处理工作，因此，一张发货单可以相当可靠地成为考察某个产品负担的实际成本的指标。有时，发货量是更方便的作业单位；特别是一张发货单上有许多不同的产品。

某个制造科研用计算机的中型公司认为，为获取一份订单而必须编写的方案数量属于事务处理单位。由于方案涉及大量技术和文书工作，因此，它是真正的成本中心，也是消化公司最有限和最昂贵的资源，即最优秀的技术人才的无底洞。

在某个铝材轧制厂，真正的作业单位是通过热轧环节的生产活动的数量。然而，在同一个公司的冲压车间（生产汽车用水箱或冰箱门把手等产品），恰当的作业单位是熟练的开模工为冲压出任何特定的形状而在准备冲压机的过程中需要的时间（小时）。

对从事商业运营的航空公司来说，最有意义的成本单位是特定航线或特定航班的有效但未售出的座位里程数，即不工作的成本。

对需要投入大量资金的加工业（例如造纸或石油化工）来说，最有意义的成本计算单位可能是时间，即不同的产品实现相同的销售价值（扣除原材料的采购成本）需要的时间。在这种行业中，成本往往取决于运行时间（小时）的长短。

确定哪些作业单位适合于特定企业是管理会计实践的一部分内容。它本身是一大进步，有利于我们了解企业及其经济状况。它还是名副其实的企业决策，既具有重要影响，又存在很大的风险。会计师可以提出有效的选择和结果。管理层的责任是做出最终的决策。

管理者一旦领会了作业成本这个概念（特别是这个概念是通过具体的例子传达的，而不是靠学术论文表达的），通常可以在他们熟知的企业中应用。直觉至少会帮助管理者找到正确的答案。

在特定的企业中完全可能存在不同的作业，它们都可以成为成本单位。我知道在一个大型化工公司中，发货单、帮助顾客使用产品的服务需求的数量和为特殊用途而变更产品的行为都可能被认为是具有代表性的作业单位和真正的成本计量单位。如果同一个产品因采用了不同的尺度而产生截然不同的成本，这些信息实质上是相互关联的。它们至少让企业中的人们认识到，在就他们讨论的产品的优点和经济绩效发表意见时，他们为什么会发生冲突。

在可以把截然不同和独立的操作环节分解出来的企业中，企业可以，而且通常应该可以根据各个操作环节的典型作业确定它们的成本。所有操作环节的成本加在一起就是企业负担的总成本。

第五节　战略绩效评价管理会计

战略绩效评价贯穿企业整个经营管理过程，涉及企业组织的方方面面，因而，它必然涉及众多的理论。这些理论构成战略绩效评价的基础。

一、战略绩效评价概述

战略绩效评价是任何一个经济体系的核心问题，它不仅为企业管理层所关注，而且也为企业利益相关者所关注。

（一）战略绩效评价的内涵阐释

研究企业战略绩效评价，首先必须认识企业战略绩效评价的内涵。绩效，也可以称为业绩、效绩，其英文都是"Performance"，三者之间并没有本质的区别，只是用语略有不同。绩效指的是人们从事某项活动所取得的成果。而评价是指为达到一定的目的，运用特定的指标，比照统一的标准，采取规定的方法，对事物做出价值判断的一种认识活动。正是因为有了人们对客观事物及其运动规律的正确认识，才使得社会各项经济活动不断地向前发展，人们的评价水平也随之不断提高。企业绩效评价就是指人们为了实现生产经营目标，采用科学的方法和特定的指标体系，对照统一的评价标准，对企业一定时期内的生产经营活动成果做出客观、公正的价值判断。

企业绩效评价是贯穿于企业整个管理过程的一个周而复始的持续过程。随着客观经济环境的改变，人们认识程度的提高，它也表现为一个发展的过程。人类社会从工业经济时代到知识经济时代，企业绩效评价体系产生的突破性变化有力地证实了这一点。在工业经济时代，决定企业成败的是有形资产的数量和质量，因而，企业绩效评价的重点在于企业有形资产，重视财务指标，步入知识经济时代，能够给企业带来持续竞争优势的往往是企业的无形资产。由此，企业绩效评价的重心产生了转移，非财务指标得到前所未有的重视。

由于绩效评价指标具有引导企业管理行为的功能，在企业绩效评价过程中，"评价什么，就得到什么"。反过来看，企业组织想得到什么，就应该评价什么。企业组织想得到的正是企业组织战略之所指。企业组织的绩效评价指标应该围绕企业组织战略而设计。绩效评价指标应该传达并具体化企业组织战略，引导战略实施，从而化战略为行动。这就是战略绩效评价的宗旨。简单地说，战略绩效评价就是以战略为导向，通过战略引导绩效评价指标的设计，通过绩效评价指标引导企业管理行为，从而实现企业组织的战略目标，推动企业可持续发展。

（一）构成企业战略绩效评价系统的要素

一个完整的企业战略绩效评价系统包括评价主体、评价客体、评价目标、评价指标、评价标准、评价方法和评价报告等因素。

1. 评价主体。企业战略绩效评价系统的主体是指谁需要对客体进行评价。从绩效评价的产生及发展来看，它主要是为解决经济活动过程存在的委托代理矛盾而建立的。这些委托人与代理人的矛盾双方构成战略绩效评价系统的主客体。企业所有者、经理人、政府部门以及其他利益相关者都可能成为战略绩效评价的主体。

2.评价客体。企业战略绩效评价系统的客体，简单地说，就是评价什么。客体由评价主体根据管理需要而确定，它是与评价主体相对应的矛盾另一方。根据管理需要，整个企业、企业各个部门或各类子公司、各级经理人和普通员工都可能成为战略绩效评价的客体。不同的评价客体具有不同的特性。这些特性在设计具体战略绩效评价系统时会直接影响绩效评价指标的选择或设计。

3.评价目标。企业战略绩效评价的目标就是企业为什么要实施战略绩效评价的原因。也就是说，企业组织通过战略绩效评价希望达到什么目的。企业战略绩效评价目标，根据绩效评价主体的管理需要而定。战略绩效评价目标是绩效评价指标设计和评价标准确定的指南，整个战略绩效评价系统的设计和运行都应该围绕着评价目标而展开。评价目标可以随着社会经济环境的变化而改变，经济体制的变革、企业制度的演变都可能影响评价目标的确定。战略绩效评价系统的目标就是为企业经理人制定合理战略并实施战略提供相关信息。在战略制定阶段，通过绩效评价反映企业组织及其各部门的优势与劣势，有助于企业合理地制定战略；在战略实施阶段，绩效评价的反馈信息有助于企业经理人及时发现问题，采取措施以保证预定战略的顺利实施。

4.评价指标。战略绩效评价系统依赖于评价指标。或者说，战略绩效评价的依据就是评价指标。评价指标是指对评价客体的哪些方面进行评价。评价指标的选择取决于绩效评价客体的特性和战略绩效评价系统的目标。评价客体本身具有多方面的特性，我们不可能更没有必要了解其全部信息。作为战略管理的有效工具，战略绩效评价关心的是评价客体与战略目标相关的层面。影响企业战略目标实现的关键因素称为关键成功因素，能够计量这些关键成功因素的指标称为关键绩效指标。关键绩效指标是反映企业核心能力增强和战略成功实施的评价指标。除了这些关键绩效指标之外，企业还必须使用日常指标。日常指标是用来监督企业经营活动是否保持在预期范围内，并且当例外事件发生时能及时进行反映的指标。绩效评价指标既包括财务指标如投资报酬率、销售利润率、每股收益等，也包括非财务指标如售后服务水平、产品质量、创新速度和能力等。

5. 评价标准。评价标准是评判评价客体的标准。某项指标的具体评价标准是在一定前提条件下产生的，具有相对性。由于评价目标和评价客体不同，必然要有相应的评价标准与之适应，因此，评价标准是相对的。目前常见的绩效评价标准包括经验标准、年度预算标准、历史水平标准和竞争对手标准（标杆）等。

6. 评价方法。评价方法是企业战略绩效评价的具体手段。有了评价指标和评价标准，还要采用一定的评价方法具体实施评价指标和评价标准，以取得合理的评价结果。没有科学、合理的评价方法，评价指标和评价标准就成了孤立的评价要素，从而失去存在的意义。到目前为止，已经出现了多种评价方法，如功效系数法、综合分析判断法、模糊评价法、主成分法、因子分析法等。

7. 评价报告。评价报告是战略绩效评价系统的输出信息，是结论性的文件。评价报告应集中体现评价目标，形式应力求规范。评价报告一般包括评价主体、评价客体、评价执行机构、数据资料来源、评价方法、评价指标体系、评价标准、评价结果与结论等，有时还应包括企业基本情况、主要财务指标对比分析、影响企业经营的环境、对企业未来发展状况的预测以及企业经营过程存在的问题和改进建议等内容。

值得指出的是，战略绩效评价系统的这些要素并不是彼此孤立的，而是彼此关联的。战略绩效评价系统的运行可以这样描述：特定的评价主体对于特定的评价客体，根据其管理需求确定评价目标，围绕该目标确定相应的评价指标，把它们组合在一起构成指标体系对评价客体的绩效进行评价，并把得到的数据采用一定方法与设定的评价标准进行比较，做出评价报告，从而帮助评价主体确定战略目标是否实现以及应采取何种决策。在这里，评价主体和评价客体的相互作用是战略绩效评价系统的基础，由评价指标、评价标准和评价方法构成的评价指标体系是战略绩效评价系统的核心，而评价指标体系的合理性则直接决定了评价报告的内容与可信度。

二、战略绩效评价的理论依据

如前所述，战略绩效评价涉及众多的理论，这些理论构成战略绩效评价的基础。限于篇幅，这里只能描述其主要理论。

（一）经济学相关理论

这里主要讨论委托代理理论、利益相关者理论及其对绩效评价的影响。

1. 委托代理理论

现代企业理论认为企业是一系列契约的联结点。现代产权经济学的重要内容之一就是委托代理理论。根据委托代理理论，整个社会经济关系都可以归结为委托代理关系。委托代理理论主要研究委托代理关系能否保证委托代理目标的实现以及委托代理关系的潜在问题及其解决办法。协调委托代理关系的途径是契约，而契约问题的实质是信息。契约关系普遍存在着信息不对称，继而衍生出"逆向选择"和"道德风险"两个基本的代理问题。也就是说，在执行契约的过程中，代理人获得某种私有信息，而委托人无法获得这些信息，导致代理人的行为对委托人利益造成损害。委托代理理论是采用经济学方法研究绩效评价问题的主要方法。

2. 利益相关者理论

如前所述，企业是一系列契约的联结点。利益相关者理论认为，企业经理人的决策应该基于企业所有利益相关者的利益。利益相关者包括所有可能有效影响契约或被企业有效影响的个人和组织。这里不仅包括能对契约提出经济要求权的主体，还包括员工、顾客、社区和政府部门。利益相关者理论的一个重要缺陷是它没能取得实证上的充分支持，但是，这并不妨碍它成为企业绩效评价研究和实践的理论基础。利益相关者理论对企业绩效评价的作用在于企业在制定战略目标时要关注所有的利益相关者，因而绩效评价指标体系应反映不同利益相关者的期望。这就要求企业经理人从企业内部、外部顾客、员工以及股东等角度来审视企业的机会，设计出能够评价或平衡不同利益相关者需求的绩效评价系统。

（一）管理学相关理论

这里主要讨论控制理论、组织行为学理论、系统论、权变理论、激励理论和战略管理理论及其对绩效评价的影响。

1. 控制理论

亨利·法约尔在其名著《工业管理和一般管理》提出的管理五大职能（计划、组织、指挥、协调和控制）无论是对理论界还是对实务界都产生了深远的影响。计划和控制工作贯穿于企业管理的全过程，企业组织各层次、各部门、各类人员都在一定程度上和一定范围内从事计划和控制工作。控制职能就是按照计划标准评价计划的完成情况并纠正计划的偏差。控制职能在很大程度上使管理工作成为一个闭环系统。控制理论对企业绩效评价的影响在于：绩效评价是企业管理控制系统的有机组成部分，正如控制和计划的密切联系一样，绩效评价也要与企业的战略规划有机地联系在一起。在制定战略目标时，要考虑如何将这些目标转化为可计量的绩效评价指标，以便在战略实施过程中进行有效的控制。同时，为避免分散精力，企业经理人应抓住重点，在绩效评价指标体系找出关键绩效评价指标。当发现偏差以后也必须及时采取行动，予以纠正。

2. 系统论

系统论的基本思想就是把所研究和处理的对象当作一个系统，分析系统的结构和功能，研究系统、要素、环境三者的相互关系和变动的规律性。把企业作为系统来安排和经营时，就叫作系统管理。系统论对企业绩效评价的影响在于：从系统论的观点出发，企业绩效评价系统是从属于整个企业管理系统的一个子系统，企业绩效评价系统应与企业管理系统的其他子系统相互协调，实现各子系统之间的动态平衡；同时，由于绩效评价涉及企业的各个部门和领域，反映每个部门绩效的指标和所需信息也不相同，因此，必须从系统的观点考虑不同绩效指标之间的关系以及从不同部门获取绩效评价所需的信息。

3. 权变理论

权变理论是 20 世纪 70 年代在美国形成的一种管理理论。它考虑到有关环境的变数与相应的管理观念和技术之间的关系，使企业经理人采用的管理观念和技术能有效地达到企业目标。通常情况下，环境是自变量，管理观念和技术是因变量。环境变量与管理变量之间的关系是权变关系。这是权变理论的核心内容。因此，权变理论的基本思想是组织的控制系统没有一个通用的最好的系统，组织的控制系统设计依赖于组织的特定环境因素和其他因素（称为权变因素）。

权变理论对企业绩效评价的影响在于：对所有企业而言，没有一个统一的、标准的、适用于任何企业的绩效评价系统。绩效评价系统的设计必须建立在对企业内外环境进行分析的基础上，并随着环境变化适时调整。一般而言，企业环境发生变化后，绩效评价系统可能会发生如下变化：（1）关键绩效评价指标发生变化；（2）评价指标体系发生变化；（3）评价标准值发生变化；（4）每个指标的权重发生变化；（5）上述几种变化的组合。

4. 激励理论

激励可以看成是一系列的连锁反应：从需求出发，引起欲望或所追求的目标，促使内心紧张（由于欲望未得到满足），导致实现目标的行动，最后使欲望得到满足。管理学家提出了各种激励理论，如古典管理理论的"胡萝卜加大棒"、马斯洛的"需求层次理论"、赫茨伯格的"激励—保健因素"理论等。激励理论对企业绩效评价的影响在于：应将绩效评价与激励机制联系在一起。如果企业以某种评价指标体系评价绩效，却又根据其他评价指标体系支付薪酬，大多数员工也许可以认可绩效评价体系，但却按照激励机制引导的方向付出努力。如果出现这种情况，企业的战略目标将难以实现。因此，绩效评价体系必须与激励机制有效地结合在一起。企业绩效评价制度是建立激励机制的前提。

5.战略管理理论

随着企业经营环境的变化，战略管理日益成为企业管理领域的热点。战略管理是一个动态的过程，包括战略规划、战略实施、战略控制和战略修正四个阶段。战略管理理论对企业绩效评价的影响在于：绩效评价与战略管理的四个阶段相适应。绩效评价指标体系设计在战略规划过程中完成。在战略规划过程中，通过环境分析明确实现战略目标的关键成功因素，进而设计出关键绩效指标。在战略实施与控制阶段，进行的绩效评价包括两个方面：一方面是过程评价，另一方面是结果评价。根据设定的绩效评价指标体系，对战略实施过程进行适时监控；在战略实施之后，根据实际结果与目标绩效进行对比分析，反馈于战略，从而修正或调整战略。

三、企业战略绩效评价的发展历程

（一）统计性绩效评价阶段

19世纪工业革命以后，由于企业规模日渐扩大，产权关系日趋复杂，绩效评价工作也愈显重要。这时，企业的绩效评价指标只是统计性的指标。

由于这个阶段的评价指标主要是成本，因此，又可以将这个时期称为成本绩效评价时期。早期的成本思想与简单的成本计算是随着商品货币经济的出现而萌芽的，并在自然经济的束缚之下形成和发展起来，处于初级阶段的成本会计。早期的成本思想是一种很简单的"降本求利"思想，成本计算也是一种简单的以营利为目的的计算。这个阶段的绩效评价指标就是成本，诸如每码成本、每磅成本、每公里成本等。这种绩效评价带有统计的性质。随着成本会计第一次革命和商品货币经济的发展，工场手工业的出现，原有的在一般商品货币经济条件下仅仅以计算盈利为目的的简单的"降本求利"思想已逐渐被如何提高生产效率，以便尽可能多地获取利润的思想所取代。简单的成本绩效评价越来越不能满足工场手工业的管理需要。于是，在人类早期的成本思想和简单成本绩效评价的基础上出现了较为复杂的成本计算和绩效评价。19世纪末，随着市场经济的进一步发展和竞争意识的加强，这种较复杂的成本会计核算与评价制度不能满足企业最大限度地提高生产效率以攫取利润的要求。这是因为已有的成本核算是事后的分析计算，反应迟钝，不便于成本控制。于是，1911年，美国设计了最早的标准成本制度，实现了成本会计的第二次革命。标准成本及差异分析制度的建立，实现了成本控制，从而提高了劳动生产率，工人的潜能被大大地挖掘了出来。标准成本制度的建立，标志着人们观念的转变，由被动的事后反映转变为积极、主动的事前预算和事中控制，达到了对成本进行事前管理的目的。成本控制的状况即标准成本的执行情况和差异分析结果成为该时期评价企业经营绩效的主要指标。

（二）**财务性绩效评价阶段**

从20世纪开始，西方财务学者对企业财务绩效评价方法进行了比较深入而系统的研究。从总体上看，这个阶段的绩效评价是奠基于企业财务报表的财务绩效评价，包括财务报表分析、企业内部责任中心绩效评价和综合财务分析体系。

1.财务报表分析。企业的资产负债表、利润表和现金流量表包含大量的数据，可以根据评价的需要计算出很多有意义的指标。这些指标可以分为偿债能力指标、盈利能力指标、营运能力指标、现金流量指标、发展趋势指标等。通过对这些指标的分析，可以对企业的经营绩效进行评价。在不同的环境背景下，对不同的财务绩效评价指标会有所侧重。有关财务报表分析，已经形成了一门成熟的学科，有许多专著对其进行论述，因此，这里不再赘述。

2.企业内部责任中心绩效评价。企业内部责任中心绩效评价是责任会计制度的具体应用。它的具体方法包括：划分责任中心，为不同责任中心制定绩效指标（财务指标），评价不同责任中心的绩效，做出绩效评价报告。确定责任中心是绩效评价的前提。根据不同责任中心的控制范围和责任对象的特点，可将其分为成本中心（包括费用中心）、利润中心和投资中心。由于不同责任中心的职权范围不同，责任预算的内容、各责任中心的具体评价指标和方法也有所不同。

3.综合财务分析体系。综合财务分析体系包括：（1）沃尔评分法。财务状况综合评价的先驱者是美国的亚历山大·沃尔。19世纪后期，由于企业生产规模不断扩大，外部融资数额日益扩大，银行需要根据企业的财务报表来判断企业的还本付息能力。沃尔在其20世纪初出版的《信用晴雨表研究》和《财务报表比率分析》提出了信用能力指数的概念，把若干个财务比率用线性关系结合起来，评价企业的信用水平。他选择了七种财务比率，分别给定了其在总体评价所占的比重，总和为100分。然后确定标准比率，并与实际比率相比较，评出每项指标的得分，最后求出总评分。从理论上说，沃尔评分法未能证明为什么要选择这七个指标，而不是更多或更少些，以及未能证明每个指标所占比重的合理性。这个问题至今仍然没有从理论上解决。沃尔评分法从技术上看也有一个问题，就是某一个指标严重异常时，会对总评分产生不合逻辑的重大影响。这个缺陷是由相对比率与比重相"乘"引起的。财务比率提高一倍，其评分增加100%；而缩小一倍，其评分只减少50%。尽管沃尔评分法在理论上还有待证明，在技术上还有待完善，但它还是得到了一定程度的应用。（2）杜邦财务分析体系。从20世纪初，企业逐渐向跨行业经营的大规模企业集团方向发展，有关各方都迫切需要一套企业绩效评价指标。多元化经营和分权化管理为绩效评价的进一步创新提供了机会。大约在1919年，杜邦公司创立的以投资报酬率（ROI）为中心的杜邦财务分析体系，解决了集权组织企业内部财务控制问题，为企业整体及其各部门的经营绩效提供了评价的依据。杜邦系统的基本原理是将财务分析与评价作为一个系统工程，全面评价企业的偿债能力、营运能力、盈利能力及其相互之间的关系。投资报酬率在集权管理时代发挥了重要作用，但随着企业规模扩大，分权式的组织模式使投资报酬率的应用导致企业整体利益与局部利益矛盾。20世纪50—60年代，美国通用电气公司（GE）创立的剩余收益（RI）弥补了投资报酬率的这个缺陷，在一定程度上协调了企业整体利益与局部利益的关系。杜邦财务分析体系在企业管理中发挥的巨大作用奠定了财务指标作为绩效评价指标的统治地位，也成为综合财务分析体系的代表。（3）其他综合财务分析体系，如坐标图评价法、雷达图评价法等。

（三）战略性绩效评价阶段

20世纪90年代，企业的宏微观环境发生了巨大变化。企业经营环境的巨大变化必然对企业绩效评价制度提出新的要求，而传统的基于财务报表的绩效评价系统大多离不开对财务指标的分析，在现代市场竞争环境下，各种不确定因素对企业前景有着众多影响，仅仅通过一些财务指标已经难以满足企业绩效评价的需要，并存在种种的局限。

第一，只能反映过去的绩效，并不能提供创造未来绩效的动因。财务绩效评价系统往往仅限于评价财务指标，然而，财务指标是综合性的事后指标，只能对企业经营决策和活动的最终结果进行评价，财务指标信息使用者可以从财务指标上判断企业的绩效是否得到了改善，但不能了解绩效改善或恶化的原因。至于驱动企业经营业务的一些关键因素是否得到改善，是否朝着战略目标迈进，仍然无从知晓，从而使得战略制定与实施之间留下缺口，造成战略制定与战略实施严重脱节。

第二，缺乏与企业战略经营目标的联系，容易产生短期行为，不能适应战略管理的需要。以财务指标作为考核企业绩效的标准，而不考虑顾客满意度、市场占用率和产品质量等非财务方面的贡献和绩效，会导致企业经理人急功近利，只注重短期经营效果，而忽视企业的长期发展战略，不愿意进行减少当期收益而对企业长期发展有利、能提高企业价值的投资，如研究与开发等，从而与企业价值最大化的基本目标相背离。例如，有些企业不注重研究与开发新产品、提高技术能力，不注意市场份额的丧失，从财务指标来看可能其绩效还较好，但长期来看，企业可能很快衰退，难以在竞争中取胜。

第三，不利于管理决策。财务绩效评价指标由于太"财务数据"化而不能与企业正在进行的作业活动相联系，因而不能有效地提供管理决策所需要的信息。例如，企业经理人要做出购买新设备的决策，仅靠财务数据则无法得出。

第四，容易导致绩效操纵行为，特别是仅以少数财务指标作为考核标准时，更容易被操纵。由于绩效考核往往是制定报酬、决定聘任、提升与否等契约的依据，为了实现其经济和政治目标，经理人存在盈余管理和绩效操纵的动机，通过选择会计政策或通过关联交易来粉饰报表，美化财务绩效。

由于20世纪90年代之前的财务绩效评价存在以上种种局限，而随着新经济时期的到来，竞争在全球范围内的加剧，企业要想生存与发展，就必须有战略眼光和长远奋斗目标，新的竞争现实对企业绩效评价系统提出了新的要求。自20世纪90年代以来，许多学者针对传统绩效评价系统的缺陷，结合新经济环境，对绩效评价理论进行了较深入的研究，并取得了许多对企业绩效评价实践具有指导作用的理论成果。这些新的理论成果都不同程度地考虑了战略因素，以战略为导向或核心设计绩效评价指标体系。因此，我们将这个阶段的绩效评价称为战略绩效评价阶段。

第六节 激励与报酬管理会计

企业组织管理过程的实质就是调节、引导人的行为过程。也正因为人的"有限理性"，企业组织才能通过各种激励机制与报酬形式的设计，引导甚至改变人的行为，使"有限理性"的人的行为有助于实现企业组织的目标。因此，激励机制与报酬形式的设计涉及许多理论。

一、激励与报酬的理论基础

如前所述，激励机制与报酬形式的设计涉及许多理论。限于篇幅，这里主要讨论企业理论、人力资本理论和管理激励理论。

（一）人力资本理论

紧随新制度经济学变革之后，与企业激励理论密切联系的人力资本理论异军突起，资本雇佣劳动"正受到"劳动雇佣资本"的挑战。

20世纪50年代，美国经济学家在解释经济成长时，发现在考虑了物质资本和劳动力增长后，仍有很大一部分经济成长无法解释。舒尔茨、明塞及后来的贝克尔等人把这一无法解释的部分归功于人力资本，从而掀起了人力资本的"革命"。舒尔茨和贝克尔还因此获得了诺贝尔经济学奖。舒尔茨、贝克尔等的人力资本理论突破传统资本理论的资本同质性假设。资本同质性假设是指所有的资本是相同质量的，它们只存在数量的区别，等量资本可以获取等量利润，现实中存在的各种各样的资本形态（指资本品）可以转化为同质资本。资本同质性假设显然扼杀了资本的非同质性，将资本过于抽象化。事实上，同质性假设不符合现实，不同的人力资本在价值创造的作用差别很大。例如，企业家的人力资本与一般员工的人力资本在质上就存在很大差别。这表现在企业生产经营活动中，企业家的作用要比员工的作用大得多。人力资本理论为现代企业激励问题提供了重要的理论依据。

（二）管理激励理论

与经济学所研究的主体及对象不同，自 20 世纪初以来，管理学家、社会学家和心理学家们从不同的角度研究如何激励人的行为，并提出了许多管理激励理论。简要地说，管理学的激励理论可以分为内容理论与过程理论。

1. 内容理论

内容理论主要研究员工的动机和需求，试图揭示激励人们工作的内容是什么。这类理论主要包括马斯洛的需求层次理论、赫茨伯格的双因素理论、奥德弗的 ERG 理论及麦克莱兰的三种需求理论。马斯洛的需求层次理论认为，人类基本需求的满足具有层次性，按其重要性依次为生理需求、安全需求、社会需求、尊重需求和自我实现需求。当一种需求得到满足后，另一种高层次的需求就会占据主导地位，也就是说，当某一层次的需求获得满足后，这种需求便不再有激励作用。如果希望激励某人，就必须了解此人目前所处的需求层次，然后着重满足该层次的需求。赫茨伯格总结出与工作满意或不满意有关的因素，并将前者称为激励因素，后者称为保健因素，即防止产生不满意情绪的因素。奥德弗把人的需求分为存在需求、关系需求和成长需求等三类。麦克莱兰认为，个体在工作环境中存在三种主要的动机或需求，即成就需求、权利需求和归属需求。

2. 过程理论

过程理论主要研究激励的过程如何运作，即如何引发人的动机，是什么内容给了它方向，是什么使得它继续，以及一旦行为不当如何使之消除。过程理论更关注激励的认知前提，试图理解激励的方法而不是内容。过程理论主要包括弗鲁姆的期望理论、亚当斯的公平理论、洛克的目标设定理论、斯金纳的强化理论等。期望理论认为，当人们预期某一行为能给个人带来既定结果，且这种结果对个体具有吸引力时，个人才会采取该特定行为。公平理论认为，员工首先思考自己收入与付出的比率，然后将自己的收入与付出比率和相关员工的收入与付出比率进行比较，如果员工感觉到自己的收入与付出比率与其他员工相同，则为公平状态；如果感到两者的收入与付出比率不相同，则产生不公平感，并采取行动纠正这种情景。目标设定理论认为，对于具有一定难度且具体的目标，一旦被接受，将会比容易的目标更能激发高水平的工作绩效。强化理论认为，行为是其结果的函数，当人们因采取某种理想行为而受到奖励时，人们最有可能重复这种行为。当这种奖励紧跟在理想行为之后，奖励最为有效。当某种行为没有奖励或受到惩罚时，则重复的可能性就非常小。

二、激励报酬的类型

其实，激励是通过报酬体现出来的。由于人的需求层次与偏好不同，报酬形式的设计应该从"偏好入手"，选择适当的激励报酬方式。

（一）按照激励报酬是否与绩效挂钩划分

根据激励报酬是否与绩效挂钩，报酬可以分为：

1. 与绩效无关的报酬。如工资，它是根据激励对象的工作年龄、学历、经历、级别等因素而制定的固定支付方式。

2. 与绩效挂钩的报酬。这又可以按其绩效基础分为：（1）基于会计基础绩效的报酬，如年度奖金计划或长期绩效计划。其中，年度奖金计划是与企业经营绩效相联系的一种激励形式。这种经营绩效以净收益、净资产报酬率、销售收入增长率等短期会计指标为主。长期绩效计划是指事先设定一个较长时期（通常为三年至五年）的绩效目标，如果经理人实现了这些绩效目标就可得到报酬奖励。奖励可以是现金或股票或两者兼而有之。长期绩效计划又可以细分为绩效股票计划和绩效单位计划。绩效股票是指企业根据经理人的绩效水平，将普通股作为长期激励形式支付给经理人，企业通常在年初确定绩效目标，如果经理人在年末达到预定目标，则企业授予其一定数量的股票或提取一定的奖励基金购买企业股票，由于它要受计划期间股票市场价格变化的影响，因此，它实际上包含了市场基础绩效因素。绩效单位是指按绩效单位奖励现金，它只受绩效目标完成情况的影响。典型的绩效目标以会计基础绩效表征，如在特定时期内的每股收益的增长率等指标；（2）基于市场基础绩效的报酬，如股票期权、限制性股票、股票增值权和虚拟股票。股票期权是现代企业剩余索取权的一种制度安排，它是指企业赠与经理人的一种选择权利（而非责任或义务），经理人可以在一定期限内按照某一既定价格购买一定数量本企业股份。限制性股票是指企业赠与经理人一定数量的股票，但这些股票的再出售或转让受到限制。当然，通常限制也有一定期限。股票增值权是指赠予经理人的一种在一定期间内获得一定数量的股票的增值额（股票增值权赠予日和合约约定期末的股票市场价格之间的差额）的权利。虚拟股票是指企业授予经理人一种"虚拟"的股票，经理人可以据此享受一定数量的分红权和股票升值收益，但没有所有权，没有表决权，不能转让和出售，经理人如果离开企业，自动失效。

（二）按照激励报酬是否属于直接的现金收入划分

根据激励报酬是否属于直接的现金收入，报酬可以分为：

1. 现金报酬。工资与年度奖金等年度报酬合称为现金报酬。

2. 以股票为基础的报酬。股票期权、限制性股票、股票增值权等非现金报酬称为以股票为基础的报酬，也可称为所有权激励。

（三）按照激励报酬是否递延至未来期间支付划分

根据激励报酬是否递延至未来期间支付，报酬可以分为：

1. 年度报酬。这包括工资、年度奖金以及其他短期激励（如当期利润分享计划）。

2.递延报酬。递延报酬包括任何一种经理人实际收到报酬日期递延至未来期间的现金或股票报酬。例如，"金手铐"就是指将经理人已赚取到的奖金递延至未来三年至五年支付的一种计划。以股票为基础的报酬通常都是递延报酬。

（四）按照激励报酬是否直接以货币形式表现划分

根据激励报酬是否直接以货币形式表现，报酬可以分为：

1.经济性报酬。这包括以工资、奖金、津贴、福利为主要内容的薪金，以及以股票、股票期权为主要内容的股权激励。

2.非经济性报酬。这是指不直接以货币形式表现出来的激励形式，包括舒适的办公环境，各种荣誉，参与决策、挑战性工作、感兴趣的工作，上级或同事的认可与内部地位、学习与进步的机会，多元化活动，就业的保障等。

第四章　管理会计的主要职能

第一节　战略管理

战略，是指从全局考虑做出的长远性的谋划。战略管理，是指对企业全局的、长远的发展方向、目标、任务和政策，以及资源配置做出决策和管理的过程。企业应用战略管理工具方法，一般是按照战略分析、战略制定、战略实施、战略评价和控制、战略调整等程序进行。

一、战略地图的提出

战略地图是由罗伯特·卡普兰和戴维·诺顿在平衡计分卡研究的基础上得来，是指为描述企业各维度战略目标之间因果关系而绘制的可视化的战略因果关系图。两位管理大师发现，平衡计分卡只建立了一个战略框架，而缺乏对战略进行具体而系统、全面的描述。企业由于无法全面地描述战略，管理者之间、管理者与员工之间无法沟通，对战略无法达成共识。

战略地图与平衡计分卡相比，增加的内容有：一是颗粒层，每一个层面下都可以分解为很多要素；二是增加了动态的层面，也就是说战略地图是动态的，可以结合战略规划过程来绘制。战略地图的核心内容包括：企业通过运用人力资本、信息资本和组织资本等无形资产（学习与成长），才能创新和建立战略优势和效率（内部流程），进而使企业把特定价值带给市场（客户），从而实现股东价值（财务）。

二、战略地图的设计

战略地图通常以财务、客户、内部业务流程、学习与成长等四个维度为主要内容，通过分析各维度的相互关系，绘制战略因果关系图。设计战略地图，一般按照设定战略目标、确定业务改善路径、定位客户价值、确定内部业务流程优化主题、确定学习与成长主题、进行资源配置、绘制战略地图等程序进行，为关键业绩指标提供有力支撑。

在财务维度，战略主题一般可划分为两个层次：第一层次一般包括生产率提升和营业收入增长等，第二层次一般包括创造成本优势、提高资产利用率、增加客户机会和提高客户价值等。

在客户维度，对现有客户进行分析，从产品（服务）质量、技术领先、售后服务和稳定标准等方面确定、调整客户价值定位。在客户价值定位维度，企业一般可设置客户体验、双赢营销关系、品牌形象提升等战略主题。

在业务流程维度，企业应根据业务提升路径和服务定位，梳理业务流程及其关键增值（提升服务形象）活动，分析行业关键成功要素和内部营运矩阵，从内部业务流程的管理流程、创新流程、客户管理流程、遵循法规流程等角度确定战略主题，并将业务战略主题进行分类归纳，制定战略方案。

在学习与成长维度，根据业务提升路径和服务定位，分析创新和人力资本等无形资源在价值创造中的作用，识别学习与成长维度的关键要素，并相应确立激励制度创新、信息系统创新和智力资本利用创新等战略主题。

三、战略地图的实施

战略地图实施，是指企业利用管理会计工具方法，确保企业实现既定战略目标的过程。战略地图实施一般按照战略 KPI 设计、战略 KPI 责任落实、战略执行、执行报告、持续改善、评价激励等程序进行。

（一）分解责任部门的 KPI

企业应从高层开始，将战略 KPI 分解到各责任部门，再分解到责任团队。每一责任部门、责任团队或责任人都有对应的 KPI，且每一个 KPI 都能找到对应的具体战略举措。企业可编制责任表，描述 KPI 中的权、责、利和战略，举措的对应关系，以便实施战略管控和形成相应的报告。

（二）签订责任书

企业应在分解明确各责任部门 KPI 的基础上签订责任书，以督促各执行部门落实责任。责任书一般由企业领导班子（或董事会）与执行层的各部门签订。责任书应明确规定一定时期内（一般为一个年度）要实现的 KPI 任务、相应的战略举措及相应的奖惩机制。以责任书中所签任务为基础，按责任部门的具体人员和团队情况，对任务和 KPI 进一步分解，并制定相应的执行责任书，进行自我管控和自我评价。同时，以各部门责任书和职责分工为基础，确定不同执行过程的负责人及协调人，并按照设定的战略目标实现日期，确定不同的执行指引表，采取有效的战略举措，保障 KPI 实现。

（三）编制与分析战略执行报告

战略执行报告反映各责任部门的战略执行情况，企业应编制并分析战略执行报告，如有偏差，分析其原因，并提出具体的管控措施。企业应根据战略执行报告，分析责任人的战略执行情况与既定目标是否存在偏差，并对偏差进行原因分析，形成纠偏建议，作为对责任人绩效评价的重要依据。

四、战略地图的运用

（一）战略地图目标的制定

以某企业为例，利用战略地图的框架思路，绘制年度经营地图。年度经营地图是由年度经营目标及实现目标的策略构成，这里所说的目标，是指为了确保中长期战略在年度经营中的落地执行，需要做好哪些事情的定性描述，如提升盈利能力、提高客占比、降低制造成本等。企业从财务、客户、内部流程、学习与成长四个维度明确战略地图的编制，具体分析如下。

1. 财务层面目标

财务层面的核心目标分别是收入的增长和盈利能力的提升。企业制定了规模和盈利能力的平衡增长目标，营收增长不低于10%、净利润增长不低于15%，主要策略有四个，即改善成本结构、提高资产利用率、确定新收入的来源、提升客户价值。不同的经营环境、不同的发展阶段，会决定企业在财务层面目标的选择差异，如在行业规模快速发展的环境下，大部分企业侧重收入规模的增长，而在经济不景气的环境下，大部分企业追求稳健，侧重提升盈利能力，对收入的增长不那么重视，甚至牺牲收入规模的增长来控制经营风险，因此企业应注重追求规模增长和盈利改善的平衡式发展。

2. 客户层面目标

客户层面的核心目标是对客户的价值的定位，即企业能为客户创造什么价值。客户价值主张主要从三个方面来阐述：（1）企业提供的产品、服务特征；（2）企业以怎样的品牌、形象出现在客户的面前；（3）企业和客户的关系，具体内容包括价格、质量、可用性、、选择、功能性、合作伙伴、品牌等。

为提升品牌美誉度、提升客户对产品的购买与使用体验，主要策略为三个：一是强化品牌的定位，二是产品的质量，三是快速响应的售后服务。

3. 内部流程层面目标

内部流程层面的核心目标是企业满足客户价值主张。在内部流程中，需要改善的内容为运营管理流程、客户管理流程、创新流程、法规与社会流程。

企业制定的经营目标包括：打通渠道端到端，提升销售能力；产品开发要快要准，打造销售爆品；供应保障增效降本。具体的目标及相应的策略是与客户层面目标和财务层面目标形成支撑关系的，例如，若能够准确地洞察消费者的需求，是可以支撑提升产品设计水平的。每个经营目标又有相应的实现措施，如实现渠道打通端到端、提升销售能力目标的策略有强化终端销售能力、提升售后服务能力等；如收入的增长目标，其构成要素包括现有老客户的收入增长、新客户带来的收入增长、现有老产品的收入增长、新产品带来的收入增长等要素，企业对每个要素增长的可行性进行识别分析，选择最能协助收入增长目标实现的要素，制定相应的增长举措。同时，因自身发展阶段的不同，导致选择战略的差异，在内部运营层面的侧重上也会有很大差异，以产品领先为首要竞争战略时，企业注重创新管理，而以成本领先为首要竞争战略时，企业则注重运营管理。

4. 学习与成长层面目标

学习与成长层面的核心目标是：为支撑内部运营、客户、财务层面目标的实现，企业在人力、组织、信息三个层面需要实现的目标。从人力资本、组织资本、信息资本等三个方面提出了目标及相应的策略，如在人才梯队建设方面，基于内部运营层面目标的需求，提出了引进一流的产品策划与开发人才、强化终端导购队伍培训的策略。确定完年度经营目标后，可以对年度经营目标进行分解，解码每个目标的要素，以此为依据制定每个年度经营目标的实现举措。

（二）制定战略分析地图

以某公立医院为例，编制适合本单位的战略地图。公立医院的使命是最大可能地维护和促进人民群众的身心健康，要完成这一使命，医院就应努力提升自身的经济效益和社会效益。经济效益是用来评价医院在一定时期内能否用有限的人、财、物等资源，提供尽可能多且高质量的医疗服务，主要通过医院的资产管理、收益状况、偿债能力三方面来体现。同时，公立医院是服务病患的窗口，从某种意义上来讲，是社会文明的反映，医院追求的社会效益就是要做好防病治病工作，提高人民群众的健康水平，降低人民群众的看病成本。

SWOT 矩阵分析法是一种有效的战略规划工具，企业进行环境分析时，可应用态势分析法、波特五力分析和波士顿矩阵分析等，分析企业的发展机会和竞争力，以及各业务流程在价值创造中的优势和劣势，并对每一业务流程按照其优势强弱划分等级，为制定战略目标奠定基础。

第二节　预算管理

预算管理，是指企业以战略目标为导向，通过对未来一定期间内的经营活动和相应的财务结果进行全面预测和筹划，科学、合理配置企业各项财务和非财务资源，并对执行过程进行监督和分析，对执行结果进行评价和反馈，指导经营活动的改善。企业进行预算管理，遵循的原则包括战略导向原则、过程控制原则、融合性原则、平衡管理原则、权变性原则，应用预算管理工具方法，一般按照预算编制、预算控制、预算调整、预算考核等程序进行。

一、预算编制

企业管理层通过战略规划，制定企业的愿景和目标，定义自身的市场定位，评估自身优势、劣势挑战，以及机遇，最后制定一系列战略举措来维护企业在市场中的竞争优势。企业结合企业的战略规划，制定全面的预算，以确保企业短期业绩目标与企业长期战略发展的协同性，自上而下地执行企业的战略规划，让全体员工都可以理解与认同驱动因素。

预算目标的设定，是指每个部门或者业务单位把企业的愿景、任务、目标和关键战略转化为具体的、可衡量的、有时限的关键绩效指标的过程，用专门的行动计划来实现上述目标。

按照分级编制、逐级汇总的方式，采用自上而下、自下而上、上下结合或多维度相协调的流程编制预算。自上而下，是指高管层把3—5年企业的关键绩效指标传达给业务部门。自下而上，是指业务部门定义和设定自己的关键绩效指标和目标，并与企业关键绩效指标和目标保持一致。预算编制完成后，应按照相关法律法规及企业章程的规定报经企业预算管理决策机构审议批准，以正式文件形式下达。预算审批包括预算内审批、超预算审批、预算外审批等。预算内审批事项，应简化流程，提高效率；超预算审批事项，应执行额外的审批流程；预算外审批事项，应严格控制，防范风险。

二、预算执行

预算执行一般按照预算控制、预算调整等程序进行。预算控制，是指企业以预算为标准，通过预算分解、过程监督、差异分析等，促使企业的日常经营不偏离预算标准的管理活动。应建立预算授权控制制度，强化预算责任，严格预算控制。

建立预算执行的监督、分析制度，提高预算管理对业务的控制能力。将预算目标层层分解至各预算责任中心，预算分解应按各责任中心权、责、利相匹配的原则进行，既公平合理，又有利于企业实现预算目标。通过信息系统展示、会议、报告、调研等多种途径及形式，及时监督、分析预算执行情况，分析预算执行差异的原因，提出对策和建议。年度预算经批准后，原则上不做调整。企业应在制度中严格明确预算调整的条件、主体、权限和程序等事宜，若预算编制的基本假设发生重大变化时，可进行预算调整。

三、预算考核

预算考核主要针对定量指标进行考核，是企业绩效考核的重要组成部分。按照公开、公平、公正的原则实施预算考核，建立健全预算考核制度，并将预算考核结果纳入绩效考核体系，切实做到有奖有惩、奖惩分明。预算考核主体和考核对象的界定应坚持上级考核下级、逐级考核、预算执行与预算考核职务相分离的原则。

对预算进行评价与分析是企业管理的有效工具，贯穿整个计划预算的执行过程，保证了业绩进展被有效监控，预防和控制问题的发生，促进持续改进和提高。整合风险管理与财务数据的绩效衡量体系，包括了盈利经营效率、资本充足率、风险价值创造等多个关键绩效指标，从多个维度，如业务部门、产品、客户等衡量、分析和报告，对企业绩效和盈利水平评定，确保战略和各机构部门采取的战术行动都能够创造价值。确定绩效结果第一责任人的职责和衡量标准，确保其个人对其行为负责，对最终结果负责。进行预算执行情况与预算目标的比较，确定差异并查明产生差异的原因，据以评价各责任中心的工作业绩，将绩效结果与责任人的职责相衡量，确保其个人对其行为负责，把考核目标和员工绩效的评定系统相联系，通过与相应的激励制度挂钩，促进其与预算目标相一致。

四、预算实施

（一）有效发挥全面预算管理的作用

随着竞争的加剧，企业的业态经营受到严峻的挑战。随着企业管理的需要，企业自上而下建立起了一整套包括经营、财务、资本、资金预算的预算编制、控制及考核体系。但由于股份企业依托自身优势所延续享有的比较优势，未能有效发挥全面预算管理对企业整体管理效率、效益提升的功能，具体表现在以下几个方面：

第一，战略定位不清晰，分解不到位，导致与预算目标的确定相脱节。一方面，以往企业所实施的全面预算管理忽视企业的战略目标，全面预算的编制及最后目标的确定与实施只注重短期效益，忽视了与企业战略目标的有效衔接。另一方面，企业面对瞬息万变的外部环境，不能及时做出分析预测，从而对企业战略做出调整。

第二，缺乏对全面预算管理的正确认识，使得全面预算成为企业上下层每年一次讨价还价的工具，而未能发挥促进企业管理效率提升的作用。企业以往的全面预算更多地体现为各项预算表格的编制和与上级企业就具体指标的讨价还价过程中，而忽视了全面预算管理对于企业实际经营活动的指导、促进和监督作用，弱化了全面预算管理对企业整体管理的提升作用。

第三，权责不清，目标分解层次不清。企业组织架构存在不清晰的因素，对于重要责任主体的权利和责任划分不够清晰，使得部分预算目标难以落实。

第四，重财务，轻业务，未有效形成从业务到财务、从横向到纵向的涵盖所有企业关键控制点的全面预算管理体系。企业全面预算未形成科学、清晰的体系架构，预算编制及控制分析工作更多地集中于企业财务部门，相关责任部门未能对全面预算的重要性有清晰的认识。

第五，整体预算指标选取与设定缺乏与企业绩效评价体系的有效联系。由于企业的全面预算编制工作大多集中于财务部门，未能与企业相关部门进行有效沟通，从而形成以预算目标为指标的企业绩效考核体系。信息化手段利用不足，表现在企业的全面预算管理未能有效利用企业信息化系统，实现信息化控制，管理控制效率较低。

针对上述现状，企业为实现先进理论指导下的新型全面预算管理，应以企业战略为导向，做好如下工作，激发业务环节价值的增值能力，逐步带动企业管理效率和效益的提升。

第一，预算系统的基础搭建。结合企业现状，考虑未来发展需要，重新梳理与企业全面预算管理相关的制度、办法及相关流程。在预算制度方面，企业重新完善修订了全面预算管理制度，明确了企业全面预算管理原则、编制管理方法、全面预算职能体系架构，明确了各责任中心及在全面预算管理全过程中所享有的权利和应承担的职责，明确了全面预算管理过程各阶段的重点工作职责，并在此基础上编制了年度全面预算管理方案，明确了年度内预算管理的具体原则、方法、责任和目标。在预算管理流程方面，企业重新梳理、补充细化了原预算管理流程，明确了预算控制、执行流程、调整及追加流程、预算外控制和执行流程等。对于具体的预算执行机构，强化企业风险与运营管理部、资产管理部在企业全面预算管理工作中的职能和作用，明确由风险与运营管理部负责组织开展企业销售、采购等业务部门经营预算的组织编制、汇总、分解、执行控制工作；由资产管理部负责企业整体预算方案制定、预算指导说明书编制、组织企业职能部门预算编制、汇总上报预算结果，以及企业总体的预算执行控制及数据分析工作。在此基础上，企业通过对大量的财务和经营历史数据的收集、加工、整理、分析，形成了可用于数据分析、预算指标制定的完整的数据库信息，逐步实现了"三个统一"，即涵盖企业全部关键作业与预算科目的统一、预算统计科目与财务核算科目的对照统一、经营口径数据与财务口径数据的统一。

第二，明确责任主体，进行目标分解。企业各部门参与企业战略规划讨论制定、战略目标制定与明确，以及战略目标的分解，并通过各种形式做好企业战略宣传教育工作。在预算编制阶段，各相关部门根据企业的战略规划制定明确的年度具体行动方案，并在编制过程中将行动方案细化、量化，最终形成各预算责任主体的年度预算目标。明确各责任中心，明确预算管理工作重点及相关职责；将各业务部门设定为模拟利润中心，对利润和现金流负责，将其余部室设为成本中心，对成本、费用负责。

对成本及相关费用等的核算公式如下所示：

（1）外部融资额 =（资产销售百分比 – 负债销售百分比）× 新增销售额—销售净利率 × 计划销售额 ×（1– 股利支付率）

（2）销售增长率 = 新增额 ÷ 基期额，或 =（计划额 ÷ 基期额）–1

（3）新增销售额 = 销售增长率 × 基期销售额

（4）外部融资销售增长比 = 资产销售百分比 – 负债销售百分比 – 销售净利率 ×[（1+ 增长率）÷ 增长率 ×（1– 股利支付率）

（5）可持续增长率 = 股东权益增长率 = 股东权益本期增加额 ÷ 期初股东权益 = 销售净利率 × 总资产周转率 × 收益留存率 × 期初权益期末总资产乘数，或 = 权益净利率 × 收益留存率 ÷（1– 权益净利率 × 收益留存率）

第三，细化经营预算，完善预算体系的建设。经营预算是企业全面预算的编制基础，也是企业监督、控制的重点，所以企业把细化经营预算作为推进预算管理的切入点。在做好企业战略规划分解、确定年度目标的基础上，要保证切实做好年度经营预算。在保证经营预算合理预计编制的基础上，编制企业财务预算、资金预算及整体预算，从而保证了全面预算的严肃性、科学性和完整性。

第四，引入信息化手段，强化全面预算功能。企业强大的 ERP 管理系统，自主开发"销售监控系统"，实现对每一区域、每个客户、每位业务员的每笔业务的客户、品种销售、毛利、回款等情况的实时跟踪与反馈；自主开发"采购监控系统"，实现对每一个供应商、每个品种、每位业务员的采购、付款、库存情况的实时跟踪与反馈。在财务报表分析、指标分析的基础上，企业搜取大量数据做了诸如客户、品种优化选择的专题分析，企业最优库存量与采购批次专题分析，采购批量合理选择的专题分析，企业现金流与营运周期关系专题分析，客户价值分析等。通过这些专题分析，一方面揭示企业日常经营管理中存在的问题，另一方面引导企业及广大员工提升科学管理意识，建立科学的经营管理思想。根据各责任主体层级、功能的差异，实现预算指标分级管理，即将预算目标分解到企业、部门、个人级。预算指标在企业不同层面分级，明确各层面权责，便于预算管理过程中责任的落实和指标的分解，进而优化企业全面预算管理水平，提高企业整体的管理效率。

（二）预决算管理执行指标

某公立医院预决算管理内容包括预算执行分析、财政保障水平分析、医疗费用控制分析、经济效益分析、偿债能力分析、营运能力分析、成本管理能力分析、收支结构分析、发展能力分析、工作效率分析、会计核算分析、内部控制分析和绩效考核分析等。通过多种纬度经济指标的分析结果，能够较为明显地反映出医院的现状，同时也能发现医院在营运过程中存在的问题，需要进一步整改与完善，所运用的管理指标如下。

1.预算执行反映医院当期收支预算执行的进度

预算执行主要包括总收入预算执行率、医疗收入预算执行率、总支出预算执行率、财政基本支出预算执行率和三公经费预算执行率等，还应对财政补助的重点项目支出单独说明预算执行情况。

（1）总收入预算执行率 = 总收入完成额 ÷ 预算总收入额 × 100%

（2）医疗收入预算执行率 = 医疗收入完成额 ÷ 预算总收入额 × 100%

（3）总支出预算执行率 = 总支出完成额 ÷ 预算总支出额 × 100%

2.医疗费用控制反映医院当期开展医疗服务收费及费用控制的情况

医疗费用控制主要包括药品收入占医疗收入比例、每门急诊人次收费水平、出院患者平均医药费、平均每床日收费水平等指标情况。

3.运行效率反映医院运行中各种投入与产出的情况

运行效率主要包括药占比、百元医疗收入占人员费用比例、百元医疗收入占用卫生材料比例、净资产结余率、医疗设备收益率、年度在职职工人均业务收入、患者欠费占医疗收入比例等指标情况。

（1）药品收入占医疗收入比例＝药品收入额÷医疗收入额×100%

（2）百元医疗收入占人员费用比例＝人员经费÷医疗收入额×100%

（3）百元医疗收入占用卫生材料比例＝卫生材料费÷医疗收入额×100%

（4）净资产结余率＝业务收支结余÷平均净资产×100%

（5）医疗设备收益率＝医疗收支结余÷医疗设备平均余额×100%

4.偿债能力反映医院当期使用资产偿还长期债务与短期债务的能力

偿债能力主要包括资产负债率、流动比率、现金比率。

（1）资产负债率＝负债总额÷资产总额×100%

（2）流动比率＝流动资产÷流动负债×100%

（3）现金比率＝货币资金÷流动负债×100%

5.资产运营能力反映医院当期期末资产规模、结构、收益及质量情况

资产运营能力主要包括资产周转率、流动资产周转率、存货周转率、固定资产周转率、应收医疗款周转率、百元固定资产的医疗收入水平、不良资产余额及占比。

（1）资产周转率＝（医疗收入＋其他收入）÷平均总资产×100%

（2）流动资产周转率＝（医疗收入＋其他收入）÷平均流动资产×100%

（3）存货周转率＝医疗平均业务成本÷平均存货余额×100%

（4）固定资产周转率＝（医疗收入＋其他收入）+平均固定资产余额×1000%

（5）应收医疗款周转率＝医疗收入÷应收医疗平均余额×100%

6.成本管理能力反映医院每门诊收入和住院收入耗费的成本水平

成本管理能力主要包括每门诊人次收入、每门诊人次成本及门诊收入成本率、每住院人次收入、每住院人次成本及住院收入成本率、医疗收入成本率等指标情况。

（1）每门诊人次收入 = 每门诊人次成本 ÷ 每门诊人次收入 ×100%

（2）住院收入成本率 = 每住院人次成本 ÷ 每住院人次收入 ×100%

（3）医疗收入成本率 = 医疗业务成本 ÷ 医疗收入 ×100%

7.收支结构反映医院收入支出结构的合理性

收支结构主要包括人员经费支出比例、公用经费支出比例、在职职工人均工资收入水平、管理费用率、药品支出率、卫生材料支出率等指标情况。

（1）人员经费支出比率 = 人员经费:（医疗业务成本 + 管理费用 + 其他支出）×100%

（2）公用经费支出比率 = 公用经费 ÷（医疗业务成本 + 管理费用 + 其他支出）×100%

（3）在职职工人均工资收入水平 = 工资性支出 ÷ 平均在职职工人数

（4）药品支出率 = 药品费 ÷（医疗业务成本 + 管理费用 + 其他支出）×100%

（5）卫生材料支出率 = 卫生材料费用 ÷（医疗业务成本 + 管理费用 + 其他支出）×100%

8.发展能力反映医院通过经济活动不断扩大积累形成的发展潜能的情况

发展能力主要包括总资产增长率、净资产增长率、固定资产增长率、固定资产净值率、医疗收入增长率、收支结余增长率等。

（1）总资产增长率 =（期末总资产 – 期初总资产）÷ 期初总资产×100%

（2）净资产增长率 =（期末净资产 – 期初净资产）÷ 期初净资产×100%

（3）固定资产增长率 =（期末固定资产 – 期初固定资产）÷ 期初固定

资产 × 100%

（4）固定资产净值率 = 固定资产净值 ÷ 固定资产原值 × 100%

（5）医疗收入增长率 = 本年医疗收入净增加额 ÷ 上年医疗收入 × 100%

（6）收支结余增长率 =（本年收支结余 – 上年收支结余）÷ 上年收支结余 × 100%

9.内部控制反映医院的单位层面和业务层面内部控制建设及实施情况

内部控制主要包括单位层面内部控制情况（组织领导情况、机制建设情况、制度完善情况、关键岗位人员管理情况、财务信息编报情况）和业务层面内部控制情况（预算管理情况、收支管理情况、政府采购管理情况、资产管理情况、建设项目管理情况、合同管理情况），分析是否实施了不相容岗位相互分离、内部授权审批控制、归口管理、预算控制、财产保护控制、会计控制、单据控制和信息内部公开等控制方法的情况。

第三节　绩效管理

绩效管理，是指企业与所属单位（部门）、员工之间就绩效目标及如何实现绩效目标达成共识，并帮助和激励员工取得优异绩效，从而实现企业目标的管理过程。绩效管理的核心是绩效评价和激励管理。企业进行绩效管理，一般应遵循以下原则：战略导向原则、客观公正原则、规范统一原则、科学有效原则等。

一、绩效管理的工具

绩效管理领域应用的管理会计工具方法，包括关键绩效指标法、经济增加值法、平衡计分卡、股权激励等。可单独或综合运用关键绩效指标法、经济增加值法、平衡计分卡等构建指标体系，反映企业战略目标实现的关键成功因素，具体指标应含义明确、可度量。指标权重的确定，可选择运用主观赋权法和客观赋权法，也可综合运用这两种方法。主观赋权法是利用专家或个人的知识与经验来确定指标权重的方法，如德尔菲法、层次分析法等。绩效目标值的确定，可参考内部标准与外部标准，内部标准有预算标准、历史标准、经验标准等，外部标准有行业标准、竞争对手标准、标杆标准等。

二、绩效管理的流程

企业根据战略目标，综合考虑绩效评价期间宏观经济政策、外部市场环境、内部管理需要等因素，结合业务计划与预算，按照上下结合、分级编制、逐级分解的程序，在沟通反馈的基础上，编制各层级的绩效计划与激励计划。

（一）制订绩效计划和激励计划

绩效计划是企业开展绩效评价工作的行动方案，包括构建指标体系、分配指标权重、确定绩效目标值、选择计分方法和评价周期、拟定绩效责任书等一系列管理活动。制订绩效计划通常从企业级开始，层层分解到所属单位（部门），最终落实到具体的岗位和员工。

激励计划是企业为激励被评价对象而采取的行动方案，包括激励对象、激励形式、激励条件和激励周期等内容。激励计划按激励形式可分为薪酬激励计划、能力开发激励计划、职业发展激励计划和其他激励计划。薪酬激励计划按期限可分为短期薪酬激励计划和中长期薪酬激励计划。短期薪酬激励计划主要包括绩效工资、绩效奖金、绩效福利等。中长期薪酬激励计划主要包括股票期权、股票增值权、限制性股票，以及虚拟股票等。

（二）明确绩效评价周期及考核责任书

月度、季度绩效评价一般适用于企业基层员工和管理人员，半年度绩效评价一般适用于企业中高层管理人员，年度绩效评价适用于企业所有被评价对象，任期绩效评价主要适用于企业负责人。绩效计划制订后，评价主体与被评价对象一般应签订绩效考核责任书，明确各自的权利和义务，并作为绩效评价与激励管理的依据。绩效考核责任书的主要内容包括绩效指标、目标值及权重、评价计分方法、特别约定事项、有效期限和签订日期等。绩效责任书一般按年度或任期签订。

（三）建立配套的监督控制机制

绩效计划与激励计划下达后，各计划执行单位（部门）应认真组织实施，从横向和纵向两方面落实到各所属单位（部门）、各岗位员工，形成全方位的绩效计划与激励计划执行责任体系。在绩效计划与激励计划执行过程中，企业应建立配套的监督控制机制，及时记录执行情况，进行差异分析与纠偏，持续优化业务流程，确保绩效计划与激励计划的有效执行。监督控制机制主要包括监控与记录、分析与纠偏等，借助信息系统或其他信息支持手段，监控和记录指标完成情况、重大事项、员工的工作表现和激励措施执行情况等内容，具体可使用观察法、工作记录法、他人反馈法等。根据监控与记录的结果，重点分析指标完成值与目标值的偏差、激励效果与预期目标的偏差，提出相应的整改建议，并采取必要的改进措施。

三、编制分析报告

绩效管理工作机构应根据计划的执行情况定期实施绩效评价与激励，按照绩效计划与激励计划的约定，对被评价对象的绩效表现进行系统、全面、公正、客观的评价，并根据评价结果实施相应的激励。评价主体应按照绩效计划收集相关信息，获取被评价对象的绩效指标实际值，对照目标值，并进一步形成对被评价对象的综合评价结果。绩效评价过程及结果应有完整的记录，结果应得到评价主体和被评价对象的确认。

绩效评价结果发布后，企业应组织兑现激励计划，综合运用绩效薪酬激励、能力开发激励、职业发展激励等多种方式，逐级兑现激励承诺。

绩效管理工作机构应定期或根据需要编制绩效评价与激励管理报告，对绩效评价和激励管理的结果进行反映。绩效评价与激励管理报告是企业管理会计报告的重要组成部分，应确保内容真实、数据可靠、分析客观、结论清楚，为报告使用者提供满足决策需要的信息。定期通过回顾和分析，检查和评估绩效评价与激励管理的实施效果，不断优化绩效计划和激励计划，改进未来绩效管理工作。

以 PPP 项目绩效监控为例。绩效管理工作机构也就是项目企业（社会资本）负责日常绩效监控，按照"谁支出，谁监控"的原则，明确了项目企业、项目实施机构在绩效监控中的主体责任。一是项目企业（社会资本）开展 PPP 项目日常绩效监控，按照项目实施机构要求，定期报送监控结果。二是项目实施机构应对照绩效监控目标，查找项目绩效运行偏差，分析偏差原因，结合项目实际，提出实施纠偏的路径和方法，并做好信息记录。项目实施机构应根据绩效监控发现的偏差情况及时向项目企业（社会资本）和相关部门反馈，并督促其纠偏；对于偏差原因涉及自身的，项目实施机构应及时纠偏；对于偏差较大的，应撰写《绩效监控报告》报送相关主管部门和财政部门。

PPP 项目绩效评价报告报送相关主管部门、财政部门复核，报告复核重点关注绩效评价工作方案是否落实、引用数据是否真实合理、揭示的问题是否客观公正、提出的改进措施是否有针对性和可操作性。PPP 项目绩效报告关注以下内容。

一是突出物有所值。报告应明确 PPP 项目绩效目标编制应该体现物有所值的理念，体现成本效益的要求。

二是分为总体目标和年度目标。报告应考虑到 PPP 周期长的特点，PPP 项目绩效目标包括总体绩效目标和年度绩效目标。总体绩效目标是 PPP 项目在全生命周期内预期达到的产出和效果。年度绩效目标是根据总体绩效目标和项目实际确定的具体年度预期达到的产出和效果，应当具体、可衡量、可实现。

三是设定了 PPP 项目管理绩效目标。绩效目标应包括预期产出、预期效果及项目管理等内容。项目管理是指项目全生命周期内的预算、监督、组织、财务、制度、档案、信息公开等管理情况。

四是分阶段开展绩效目标管理并明确异议解决途径。项目企业对绩效评价结果有异议的，应在 5 个工作日内明确提出并提供有效的佐证材料，向项目实施机构解释说明并达成一致意见。对于无法达成一致意见的，应组织召开评审会，双方对评审意见无异议的，根据评审意见确定最终评价结果；仍有异议的，按照合同约定的争议解决机制处理。

四、绩效管理示例

（一）借鉴平衡计分卡的绩效考核管理

借鉴了平衡计分卡，某医院实施三级公立医院绩效考核管理。通过借鉴平衡计分卡，兼顾考虑建立"实现战略制导"的绩效管理系统，从而保证企业战略得到有效执行。医院期望借助此工具推动业财整合，所以在绩效评价体系的制定过程中，既考虑传统财务指标的重要性，又引入成长性、内部流程等影响企业战略实施的多维度因素，实现财务指标和非财务指标的平衡、长期目标和短期目标的平衡、结果性指标与动因性指标之间的平衡、组织内部群体与外部群体的平衡、领先指标与滞后指标之间的平衡。

为贯彻落实《国务院办公厅关于加强三级公立医院绩效考核工作的意见》（国办发（2019）4 号），全面推进某公立医院关于三级公立医院综合绩效考核工作，该医院坚持公益性导向，提高医疗服务效率，以满足人民群众健康需求为出发点和立足点，服务深化医药卫生体制改革全局，积极改革、完善公立医院运行机制和医务人员激励机制，实现社会效益和经济效益、当前业绩和长久运营、保持平稳和持续创新相结合。强化绩效考核导向，推动医院落实公益性，实现预算与绩效管理一体化，提高医疗服务能力和运行效率。

一是确定考核的目标。通过绩效考核，推动医院向五大目标转向，即发展方式由规模扩张型转向质量效益型、管理模式由粗放行政化管理转向精细信息化管理、投资方向由投资医院发展建设转向扩大分配提高医务人员收入、服务功能定位由医疗服务数量型转向三级医院功能定位、服务理念由"以疾病为中心"转向"以患者健康为中心"，促进收入分配更科学、更公平，实现效率提高和质量提升，促进公立医院综合改革政策落地见效，该医院坚持精细化推进，完善医院管理机制，根据国家的统一标准、关键指标、体系架构和实现路径，制定出三级公立医院绩效考核指标考核评分细则，提升考核的针对性和精准度。

二是坚持信息化支撑，确保结果真实客观。该医院通过加强信息系统建设，提高绩效考核数据信息的准确性，保证关键数据信息自动生成、不可更改，确保绩效考核结果真实客观。根据医学规律和行业特点，发挥大数据优势，强化考核数据分析应用，提升医院的科学管理水平。

三是坚持激励性引导，促进医院持续改进。医院和人员的绩效考核结果与政府投入、管理调控，以及人员职业发展等相挂钩，采取综合措施，奖优罚劣，拉开差距，有效促进绩效持续改进，为建立现代医院管理制度和符合医疗行业特点的人事薪酬制度创造条件。

四是初步建立绩效考核指标体系、标准化支撑体系，探索建立绩效考核结果运行机制。到2020年，基本建立了较为完善的三级公立医院绩效考核体系，三级公立医院功能定位进一步落实，内部管理更加规范，医疗服务整体效率有效提升，分级诊疗制度更加完善。

　　财务与内部流程指标体现医院的精细化管理水平，是实现医院科学管理的关键。通过人力资源配比和人员负荷指标考核医疗资源利用效率；通过经济管理指标考核医院经济运行管理情况；通过考核收支结构指标间接反映政府落实办医责任情况和医院医疗收入结构合理性，推动实现收支平衡、略有结余，有效体现医务人员技术劳务价值的目标；通过考核门诊和住院患者次均费用变化，衡量医院主动控制费用不合理增长情况。

　　人才队伍建设与教学科研能力体现医院的持续发展能力，是反映三级公立医院创新发展和持续健康运行的重要指标。主要通过人才结构指标考核医务人员稳定性，通过科研成果临床转化指标考核医院创新支撑能力，通过技术应用指标考核医院引领发展和持续运行情况，通过公共信用综合评价等级指标考核医院信用建设。

　　医院满意度由患者满意度和医务人员满意度两部分组成。患者满意度是三级公立医院社会效益的重要体现，提高医务人员满意度是医院提供高质量医疗服务的重要保障。通过门诊患者、住院患者和医务人员满意度评价，衡量患者的就医获得感及医务人员的积极性。

　　（二）运用价值链理论的绩效考评

　　价值链理论的实质是用价值链分析方法将客户、供应商和企业分解为既分离又相关的行为群体。运用价值链理论对员工进行绩效考评，目的是通过对企业价值的有效管理，实现企业长期的持续的有效经营。企业在经营管理和财务管理中遵循价值理念，依据价值增长规则和规律，探索价值创造的运营模式和管理技术，从而连接企业战略并应用于整个经营过程中。

　　1.绩效目标设定

　　企业的绩效目标设定必须遵循具体、可度量、可验证的原则，如果达成所有结果，目标就自然能完成。例如，如果目标是将搜索质量提升10%，其相应的关键结果就是更好的搜索相关性（即结果对用户而言有用）和更少的等待时间（快速找到搜索结果）。

目标明确能够提升绩效表现，但是很多企业在设定目标时浪费了大量的时间，而且还很难统一企业上下层的目标。企业采用的方式是以市场为基础，逐步将企业的目标汇聚，如果出现团队偏离企业整体目标太远的情况，其工作任务很快会引起企业的重视，而企业的重要工作相对容易被直接管理。

2.绩效评估

企业开发出非常复杂、精细的解析方法，确保员工的评分略高一点就能得到对应略高一点的奖励，但这样做的实际意义并不大。因为尽管企业在绩效考核上花了很多时间，但等到设定薪水和分配奖金的时候，有三分之二的可能会对绩效结果进行调整。企业的管理人员平均每三个月就要进行一次绩效考核，考评过程看似非常精准，但却不能作为衡量薪酬的可信依据。企业还发现，管理人员出现两极评级的情况增加了一倍，获得最高等级评价的员工比例提高。同时，落在最低一档的人数有所降低，管理人员可以相对轻松地与绩效待改进员工进行直接而真诚的沟通反馈，以帮助他们改进绩效。

绩效评估的重中之重在于校准，如果没有校准，那么企业绩效考核的公平性、可信度和效率都会大幅下降。校准正是企业员工提高绩效考核体系满意度的真正原因，企业通过绩效校准会议来确保绩效结果更加公正、客观。在绩效初评等级最终确定之前，各小组的经理通过会议评审对绩效等级进行校准。在绩效评定会议上，某位经理的评估结果会与其他类似团队经理的评估结果进行比较：经理5—10人为一组，通过投影对团队的50—1000位员工的考评结果进行讨论，直到达成一个公平的评级。绩效评定会议有效避免了经理由于来自员工的压力而做出不客观的评价，同时也确保了绩效考核结果符合多数人对绩效表现的共同期望，进而消除个体偏见，提升绩效考核的公平性。

3.绩效沟通与反馈

在绩效沟通与反馈方面，企业通过两次独立的谈话来实现，即将绩效结果反馈面谈和员工发展面谈分开来进行。内在动机是成长的关键，但在传统的绩效管理模式下，内在动机被严重制约。大量的实验证明了激励因素的重要作用和激励因素消失后的负面影响，因此激励因素能够激发人的内在动机，而升职、加薪等外在动机反而有可能降低员工的学习发展意愿。外在动机会改变人们看待工作的方式，同时还会降低内在动机。内在动机不仅能激发人们更好的表现，而且还能使人精神焕发、获得自尊和幸福感。在工作中，企业应该给予员工更多的自由度和自主性，激发员工的内在动机。

4.绩效结果运用

在很多企业，员工因为绩效考评结果足够好就能被升职，但在有些企业，升职也和绩效考核一样，是由评审会决定的。评审会审议准备提拔的员工，并参照前几年升职的员工的情况，以及明确规定的晋升标准，对候选人进行绩效校准，以确保公平性。同时，评审会在评议时也非常重视候选人的反馈意见，技术或产品管理领域的人可以在晋升时进行自我推荐。

第四节　营运管理

营运管理，是指为了实现企业战略和营运目标，各级管理者通过计划、组织、指挥、协调、控制、激励等活动，实现对企业生产经营过程中的物料供应、产品生产和销售等环节的价值增值管理。企业进行营运管理，一般应遵循 PDCA 管理原则，按照计划（Plan）、实施（Do）、检查（Check）、处理（Act）四个阶段，形成闭环管理，使营运管理工作更加条理化、系统化和科学化。

营运管理领域应用的管理会计工具方法，一般包括本量利分析、敏感性分析、边际分析和标杆管理等。企业应根据自身业务特点和管理需要等，选择单独或综合运用营运管理工具方法，以便更好地实现营运管理目标。

企业应用多种工具方法制订营运计划，应根据自身的实际情况，选择单独或综合应用预算管理领域、平衡计分卡、标杆管理等管理会计工具方法。同时，应充分应用本量利分析、敏感性分析、边际分析等管理会计工具方法，为营运计划的制订提供具体量化的数据分析，有效支持决策。

以本量利分析为例，是指以成本性态分析和变动成本法为基础，运用数学模型和图式，对成本、利润、业务量与单价等因素之间的依存关系进行分析。"本"是指成本，包括固定成本和变动成本；"量"是指业务量，一般指销售量；"利"一般指营业利润。本量利分析主要用于企业生产决策、成本决策和定价决策，也可以广泛地用于投融资决策等。本量利分析的主要优点是：可以广泛应用于规划企业经济活动和营运决策等方面，简便易行、通俗易懂和容易掌握。主要缺点是：仅考虑单因素变化的影响，是一种静态分析方法，且对成本性态较为依赖。

与本量利分析相关的联系有四个方面：

第一，在销售总成本已定的情况下，盈亏临界点的高低取决于单位售价的高低。单位售价越高，盈亏临界点越低；单位售价越低，盈亏临界点越高。

第二，在销售收入已定的情况下，盈亏临界点的高低取决于固定成本和单位变动成本的高低。固定成本越高，或单位变动成本越高，则盈亏临界点越高；反之，盈亏临界点越低。

第三，在盈亏临界点不变的前提下，销售量越大，企业实现的利润便越多（或亏损越少）；销售量越小，企业实现的利润便越少（或亏损越多）。

第四，在销售量不变的前提下，盈亏临界点越低，企业能实现的利润便越多（或亏损越少）；盈亏临界点越高，企业能实现的利润便越少（或亏损越多）。

二、营运计划的制订

营运计划,是指企业根据战略决策和营运目标的要求,从时间和空间上对营运过程中各种资源所做出的统筹安排,主要作用是分解营运目标,分配企业资源,安排营运过程中的各项活动。营运计划分为长期营运计划、中期营运计划和短期营运计划,按计划的内容可分为销售、生产、供应、财务、人力资源、产品开发、技术改造和设备投资等营运计划。制订营运计划,应当遵循以下原则:

(一)**系统性原则**

企业在制订计划时不仅应考虑营运的各个环节,还要从整个系统的角度出发,既要考虑大系统的利益,又要兼顾各个环节的利益。

(二)**平衡性原则**

企业应考虑内部环境与外部环境之间的矛盾,有效平衡可能对营运过程中的研发、生产、供应、销售等存在影响的各个方面,使其保持合理的比例关系。

(三)**灵活性原则**

企业应当充分考虑未来的不确定性,在制订计划时保持一定的灵活性和弹性。

企业在制订营运计划时,应以战略目标和年度营运目标为指引,充分分析宏观经济形势、行业发展规律,以及竞争对手情况等内部和外部环境变化,同时还应评估企业自身研发、生产、供应、销售等环节的营运能力,客观评估自身的优势和劣势,以及面临的风险和机会等。企业在制订营运计划时,应开展营运预测,将其作为营运计划制订的基础和依据。根据月度的营运计划,组织开展各项营运活动。建立配套的监督控制机制,及时记录营运计划的执行情况,进行差异分析与纠偏,持续优化业务流程,确保营运计划的有效执行。企业在营运计划执行的过程中，应关注和识别存在的各种不确定因素，分析和评估其对企业营运的影响，适时启动调整原计划的有关工作，确保企业营运目标更加切合实际，更合理地进行资源配置。

三、营运计划的监控

按照 PDCA 管理原则，以日、周、月、季、年等频率建立营运监控体系，并不断优化营运监控体系的各项机制，做好营运监控分析工作。营运监控分析，是指以本期财务和管理指标为起点，通过指标分析查找异常，并进一步揭示差异所反映的营运缺陷，追踪缺陷成因，提出并落实改进措施，不断提高企业营运管理水平。

（一）**发现偏差**

企业通过各类手段和方法，分析营运计划的执行情况，发现计划执行中的偏差及问题。

（二）**分析偏差**

企业对营运计划执行过程中出现的问题和偏差原因进行研究，及时采取针对性措施。

（三）**纠正偏差**

企业根据偏差产生的原因，采取有针对性的纠偏对策，使企业在营运过程中的活动按既定的营运计划进行，或者对营运计划进行必要的调整。

营运监控分析应至少包括发展能力、盈利能力、偿债能力等方面的财务指标，以及生产能力、管理能力等方面的非财务内容，并根据所处行业的营运特点，通过趋势分析、对标分析等，建立完善的营运监控分析指标系。

建立预警、督办、跟踪等营运监控机制，及时对营运监控过程中发现的异常情况进行通报、预警，按照 PDCA 管理原则督促相关责任人将工作举措落实到位；建立信息报送、收集、整理、分析、报告等日常管理机制，保证信息传递的及时性和可靠性；建立营运监控管理信息系统、营运监控信息报告体系等，保证营运监控分析工作的顺利开展。

第五节　成本管理

随着我国经济的快速发展，企业要在激烈的市场竞争中取得一定的优势，就需要有一个先进的成本管理会计体系。传统的成本核算方法将产品的成本分为直接材料、直接人工及制造费用。在分配制造费用时，企业通常按耗用工时或材料成本的多少来分配，没有考虑不同产品制造过程中的难易程度，这样算出来的产品成本缺乏合理性。随着企业自动化、智能化的程度越来越高，生产工人工资等直接成本所占比例大大减少，间接成本比例大幅度提高，如果仍用传统的成本核算方法，会导致信息失真的数额越来越大。作业成本法能提供较为准确的成本信息，从而帮助企业的管理层做出正确的决策。

作业成本法也叫 ABC 成本法，最早可追溯到 20 世纪杰出的会计大师、美国人埃里克·科勒教授。科勒教授在 1952 年编著的《会计师词典》中，首次提出了作业、作业会计等概念。1971 年，乔治·斯托布斯教授在《作业成本计算和投入产出会计》中对作业、成本、作业会计、作业投入产出系统等概念进行了全面、系统的讨论。"产品消耗作业，作业消耗资源"是作业成本法的理论基础。作业成本法引入价值链的理念，基本原理是将产品消耗、资源消耗、间接成本按照作业归集，突破了标准成本制度模式，揭示了资源耗费、成本发生的前因后果。作业成本法指明了深入到作业水平进行成本控制的途径，以作业为成本控制的核心，分析哪些是增值作业，哪些是非增值作业，减少作业耗费，以最大限度地降低产品成本。

一、作业成本法的优点

（一）较准确地反映出产品消耗资源的代价

作业成本法按各种产品实际消耗与间接成本相关的作业量的多少，来分配其应负担的间接成本，能较准确地反映出各产品为消耗资源所付出的代价，以此做出的利润分析结果更为准确。

（一）通过作业分析消除不增值作业降低成本

作业成本法将成本分析和成本管理的触角深入到作业层次，通过作业分析、作业管理，达到消除不增值作业以降低成本的目的，并通过对资源消耗的过程进行动态分析和跟踪，进而优化作业链、价值链。

（三）利于评价个人或作业中心的责任履行情况

在作业成本观念下，以产品的各项作业作为责任和控制中心，通过各作业层所提供的有价值的成本信息，能明确增值作业与非增值作业、高效作业与低效作业，评价个人或作业中心的责任履行情况。

二、作业成本法的示例

示例一：东风汽车的作业成本法应用，是以车架作业部为试点，先对生产工艺流程进行描述，然后将任务归集到作业，将上下游工序中的一些次要任务或作业合并，归集为一个作业中心。在每一个作业中心都有一个或多个同质成本动因，从中选择一个最具有代表性的成本动因，作为计算成本动因分配率的基础，最终计算出成本动因分配率和产品作业成本。东风汽车"作业成本法"从试点到全面实施，发现了消耗资源但不会产生价值的作业环节，在制定作业的标准成本时，会对生产的流程重新进行整理，就会发现并纠正影响效率的不足之处，如每个加工环节多余的等待时间、设备检测和维护的无用时间等，就会节省相应作业的资源耗费，从而提高企业整体的生产水平。企业在实施作业标准成本法之后，会得到更加精准的成本信息资料，对产品的定价会起到积极的指导作用，这个定价将直接关系到企业以后的销售情况和利润收入。在预算管理方面，企业一直使用的是全面预算管理政策，但由于缺乏标准的参考，历史的成本数据并不是能完全真实地反映企业的成本情况，所以在借鉴历史数据的情况下，企业的预算编制和控制都不是很到位。在引入作业的标准成本法之后，企业就会发现在大量数据背后真实的生产和经营情况，通过计算得出差异再进行分析，强化了产品的预算控制功能。

示例二：许继电气股份有限公司被誉为我国电力装备行业配套能力最强的企业，企业以产品作为成本计算对象，对于事业部的研发费用，先根据成本动因将其分配到研发项目上，再根据预期受益产品的产值比重，对研发项目的研发费用进行分配。作业成本法在许继电气的运用基本上达到了预期目标，即控制成本费用，提高企业管理效率，最终为股东创造出更大的价值，具体的应用步骤如下：

第一步，识别不同活动的成本。活动成本库可以根据企业实际经营所发生的各种活动，灵活加以确定，包括设置调试机器、订货、材料处理、储存、发运、生产过程监管、供电等。对成本驱动因素的分析，有助于企业确定把制造费用分配到各个产品或产品系列上的适当比率。

第二步，运用这些比率，把成本库中的制造费用分摊到各个产品中。根据企业的工艺流程，确定了32个作业及各作业的作业动因，作业动因主要是人工工时，其他作业动因有运输距离、准备次数、零件种类数、订单数、机器小时、客户数等。通过计算，发现了传统成本法的成本扭曲。根据作业成本法提供的信息，为加强成本控制，针对每个作业制定目标成本，使得目标成本可以细化到班组，增加了成本控制的有效性。通过对成本信息的分析，发现生产协调、检测、修理和运输作业不增加顾客价值。通过作业分析，发现大量的人力资源的冗余，通过裁减相应岗位人员，减少相关的人力支出。

第五章　大数据下管理会计的发展

第一节　管理会计内涵的变化

一、管理会计地位的提升

管理会计的五大职能，简单地说是预测、决策、规划（预算）、控制、评价，随着大数据技术的不断发展，管理会计的职能作用变得更加突出。具体内容如下：

（一）**建立严谨的核算议价体系，加大奖惩力度**

现代企业管理十分注重充分调动人的积极性，通过大数据对经济问题进行具体分析，通过量化可以清晰找出内在影响因素，从而更好地贯彻落实企业经济目标。通过建立责任会计制度，按照各自的经济责任，做到人人肩上有指标，责权利相结合，以经济手段奖惩、控制各级企业组织行为，不断完善工作，发挥人的主观能动性。

（二）**参与企业经济决策**

决策是企业经营管理的中心，也是各部门的主要工作职责，怎样为企业决策者提供准确的决策信息，是各职能管理部门的中心工作之一。管理会计人员作为企业的财务战略军师，要从经济数据分析出发，利用成本形态分析、量本利分析等动态、静态指标方法，对长短期投资、生产、定价等做好经济决策的前期预测。

（三）做好企业当前经营和长期规划的经济前景预测

一个企业只有对当前和长远目标做出客观的预测，才能为企业决策者提供第一手信息。管理会计要对企业经济规模、投入产出、现金流量、市场调研等经济指标做出较为实际的预测，供企业决策者参考。

（四）做好资金筹集工作，加强现金流量管理

资金是企业的血液。管理会计应选择低风险、低成本的最优融资方案，为企业注入新鲜血液。相反，一个企业盈利水平再高，但缺乏资金筹划，缺乏资金管理，该回笼的资金不能及时收回，造成企业缺血，也会给企业带来致命的打击。因而在做好资金筹集的同时，必须切实加强现金流量管理，抓住生产经营各个环节，降低库存，加大销售力度，以确保企业资金周转流畅。

（五）建立经济指标体系、落实经济责任制控制经营全过程

根据企业经营目标，分别落实到各部门。采用比价采购、倒推目标成本等方法，具体下达经济责任指标。建立一整套系统的指标体系，使企业内部各个利润中心职责明晰，并对完成情况，事前、事中、事后适时进行分析、反馈，及时优化各个环节的工作，确保目标的完成。

现代管理会计的职能作用，从财务会计单纯的核算扩展到解析过去、控制现在、筹划未来有机地结合起来。通过数据分析形成一种综合性的职能。可以说，管理会计是一种深度参与管理决策、制订计划与绩效管理系统、提供财务报告与控制方面的专业知识以及帮助管理者制定并实施组织战略的岗位。在大数据技术不断发展的情况下，管理会计的作用将会越来越大，管理会计的职能已将越来越多。

二、管理会计在企业管理中的作用

对于当下企业而言，随着大数据技术发展的程度不断深入，都必须保持对技术的尊重以及对数据的重视，逐步实现数据获取的时效性以及多类型采集，在管理会计管理体系建设过程中保证各项职能的灵活性、兼容性，让管理会计的职能具有拓展性的可能，能够利用数据可视化、智能分析与挖掘、机器学习与建模等方面来实现对企业经营决策的支持。

（一）帮助企业提高预测能力，抓住商机

依据所掌握的信息及时调整企业经营决策，是企业获得成功的关键因素之一。大型投融资项目涉及金额大，成本高，一旦决策失误，将给企业带来沉重打击。商机却稍纵即逝，想要在瞬息万变的市场经济大潮中分享改革红利，就要求管理会计在经营者决策之前，利用尽可能多的数据进行财务分析，通过向研发、生产、采购、销售、人力资源等多个领域延伸，高度融合企业财务数据与业务数据，深入分析各活动因素之间的关系，由此对项目进行精准预测，以此提升企业核心竞争力。

（二）能够利用现有资源，促进企业资产的合理配置

企业的终极目标是实现利润最大化。在大数据时代，海量信息与精准的数据可以通过大数据仓库被收集、整理、提取和挖掘。管理会计通过分析和提取其中有价值的数据，对企业产品、服务等数据的提纯、分析与挖掘形成可靠依据，并利用现有资源可以制订严密的物资采购、产品生产、销售等精细化规划与预算策略。通过企业财务共享服务，可以发挥企业的规模效应，节约财务管理成本，同时有助于保证财务管理职能的质量和一致性。

（三）推动企业提高员工绩效考核的科学性和合理性

企业的发展壮大离不开员工的辛勤付出。管理会计有必要通过对大数据的收集、整理和分析，制定先进且公平的考核和奖惩制度，当员工的积

极性受到极大鼓舞，这种激情将快速地反馈至企业，促使企业发展。

（四）准确评价客户信用，预测企业风险

客户是企业的生存之本，一个客户能否按期支付所欠货款，决定了企业需要承担坏账风险的大小。利用大数据平台，如拥有强大自动分析能力的云服务等构建成熟多维数据库，从不同管道获得客户不同方面的数据，可以将事后分析转为事先引导。企业预测坏账的准确度越高，避免坏账出现的可能性就越高。有效的风险管控必将为企业的飞速发展保驾护航。

三、大数据对管理会计产生的影响

大数据是以数据为本质的新一代革命性信息技术，在数据挖掘过程中能带动理念、模式、技术及应用实践的创新。大数据是具有强大决策力、细致洞察力和流程优化能力的信息资产，具有高效性、数字化，以及可对市场各要素有效整合的特点，对企业运用管理会计产生了深远影响，其影响主要体现在以下三个方面：

（一）数据管理方式发生变化

大数据时代的来临，改变了传统的数据管理类型和管道单一化、工作效率不高的特点，互联网使数据管理趋于多元化。互联网的无界可以实现将大数据存储在网络平台，各部门数据共享，实现了财务管理的大变革。

（二）数据处理方式产生变化

数据处理必须先将数据进行调取，经收集整理再加工后，才能被分析、利用，这个过程中将浪费大量时间，一旦某个环节出现错误，将影响数据处理的结果，最终导致决策失误。但在大数据时代，可以借助分析工具合理地选择分析方式，如运用用友云财务分析软件来挖掘企业财务数据的价值，跳出财务看财务，为管理者进行科学决策提供依据。

（三）数据存储方式产生变化

管理会计数据具有多样性的特点，数据存储量大。传统的数据存储方式较为复杂，且极易丢失。而在大数据时代，只要提供有效的存储管道，仅需通过分布式数据库、分布式存储集群等不同的存储模块就可以实现。想要实现用电子信息化手段代替传统的会计流程，只需为企业财务共享中心配备影像管理技术，通过扫描将纸质单据生成电子影像，以影像信息作为流转要素就可以轻松实现。

第二节　大数据与管理会计使用环境

一、应用环境的变化

管理会计工作的顺利进行离不开一个良好的应用环境，因此企业要为其提供一个良好的应用环境。随着大数据的兴起，管理会计的应用环境发生了翻天覆地的变化。首先，在法律法规方面，国家围绕信息技术与会计行业的结合颁布和完善了多部法律法规，规范了企业管理会计的日常工作，为管理会计工作的开展提供了一个公正、公平的法律环境；其次，在管理会计工作中，企业的管理者也要认识到现代企业竞争是数字化、科技化的竞争，因此管理会计也需要一个比较先进的互联网环境，通过计算机软件提高管理会计工作的准确性，提高公司财务管理水平和经济效益，实现企业会计工作的现代化。最后，公司的经营者应该尽可能地减少会影响到管理会计决策的行政因素，让其以市场经济为导向，自主完成决策。

（一）法律环境

管理会计区别于财务会计的根本之处是为企业内部决策提供信息支持，所以管理会计又被称为"内部报告会计"。管理会计是以企业现在和未来的资金运动为对象，以提高经济效益为目的，为企业内部管理者提供经营管理决策的科学依据为目标而进行的经济管理活动，包括成本会计和管理控制系统两大组成部分。2014 年《中国财经报》发表《打造会计工作"升级版"重在发展管理会计》一文，对我国发展管理会计打下了基调。同年，财政部出台《关于全面推进管理会计体系建设的指导意见》（财会〔2014〕27 号），有效地推动了管理会计的发展。2016 年，为促进单位（包括企业和行政事业单位）加强管理会计工作，提升内部管理水平，促进经济转型升级，根据《中华人民共和国会计法》《财政部关于全面推进管理会计体系建设的指导意见》等，财政部制定了《管理会计基本指引》（财会〔2016〕10 号），对企业应用管理会计应遵循的原则、应用主体、应用环境等做出了明确的约束。在 2018 年末，当取消会计从业资格证的声音刚刚落地之时，进一步强化会计人员继续教育与能力建设的重大政策《会计人员管理办法》正式出台。对会计人员管理提出了更加科学合理的规范要求。而学者们不断在推动将管理会计写入新会计法，明确管理会计的法律地位，顺应会计科学发展，推动中国会计工作转型升级。

（二）运行环境

随着信息传播技术的高度发展，电子发票、电子会计档案的应用，无纸化报销技术的发展、业财一体化软件系统的集成发展、财务共享中心的快速发展，管理会计已经应用于各行各业中。信息化技术与管理会计工作的结合，极大地提升了管理的效率和质量，化简了不必要的工作程序，提升了数据信息的准确性和全面性，避免了重复性的机械劳动占用大量的工作时间，为公司员工提升专业能力、深造学习提供时间和机会。随着大数据、互联网、云计算的发展，企业组织信息资源进一步开放和共享，企业组织与外部环境之间、企业组织内部各部门之间的信息传递更加广泛和快捷，企业的业务活动网络化和信息化比例越来越大，业务信息与会计信息之间融合进一步加快，为企业组织运用管理会计提供了环境。企业组织逐步实现资金流、物流和信息流的完全融合，进而实现管理活动和财务活动相统一。管理会计活动的有效开展离不开信息化环境的支撑，当前的大数据、互联网以及云计算对管理会计既是挑战，也是机遇。企业组织应当从自身实际情况出发，加强面向管理会计的信息系统建设和应用，要充分运用现代信息技术，推动管理会计发展，有效提升企业组织管理效率和价值创造能力。

（三）实施软件

随着大数据技术的不断发展，各种收集数据和数据算法的不断进步，为管理会计的发展起到了十分重要的作用。起初只是把简单的财务分析、账龄分析、存货管理、工资管理等模块通过计算机语言转变成的会计软件，称之"管理型"会计软件，如管家婆、浪潮、新道等。而随着对管理会计的不断研究和深入，把含量本利分析、简单预测功能加入形成"决策支持系统"。但不同行业、不同企业的应用方法和水平呈现出极大的差异。比如说同样是全面预算管理，在不同企业的说法、做法都不尽相同。如何帮助管理部门摸清所属企业的预算管理"家底"，科学地制定预算管理实施政策和决策，帮助企业管理者查找企业预算系统缺陷，确立企业预算管理改进方向和目标提供依据和指导等诸多问题还在不断地完善之中。

二、管理会计对象的改变

（一）管理会计的对象是以使用价值为基础的价值管理

随着大数据的不断发展，在企业的生产经营中，企业投入生产活动的资金，经过一定时间的运转，其数额会随着时间不断增长。企业将筹集的资金用于构建劳动资料和劳动对象，劳动者借以进行生产经营活动，从而实现价值转移和价值创造，带来货币的增值。我们分析时间价值时，一般以社会平均的资金利润为基础，而不考虑通货膨胀和风险因素。资金的时间价值有两种表现形式，即相对数和绝对数。相对数即时间价值率，是指没有风险和通货膨胀的平均资金利润或平均报酬率。绝对数即时间价值额，是指资金在运用过程中所增加的价值数额，即一定数额的资金与时间价值率的乘积。国库券利率，银行存、贷款利率，各种债券利率，都可以看作投资报酬率，然而它们并非时间价值率，只有在没有风险和通货膨胀情况下，这些报酬才与时间价值率相同。由于国债的信誉度最高、风险最小，所以如果通货膨胀率很低就可以将国债利率视同时间价值率。为了便于说明问题，在研究、分析时间价值时，一般以没有风险和通货膨胀的利息率作为资金的时间价值，货币的时间价值是公司资金利润率的最低限度。

（二）从实质上讲，管理会计的对象是企业的生产经营活动

近年来，我国经济得到了快速发展，与之相适应，企业的规模也在不断扩大，企业间的竞争愈加激烈，在这样的发展背景下，强化企业管理会计体系的构建和完善显得更加必要。随着计算机信息技术等科学技术的快速发展，大数据处理技术等新兴技术不断完善，传统的财务管理体系已经不能适应现代企业的发展需求，智能化、信息化、细节化是现代企业管理会计的必然发展方向，在促进现代企业的经济发展和管理模式变革上发挥着重要作用。而坚持创新与发展，完善管理会计工作流程，基于计算机信息技术改进管理会计手段，深入分析管理会计体系中存在的各种问题，从根本上解决一些不合理现象，才能使企业管理会计价值最大化，从而为企业经营管理活动创造更重要的价值，为企业发展乃至我国经济发展注入新的活力。

（三）从管理体现经济效益角度看，管理会计的对象是企业生产经营活动中的价值运动

企业管理会计水平与企业发展息息相关，强化企业管理会计体系的构建具有十分必要的战略意义。

1.强化企业管理会计建设是提高企业综合管理水平、提升企业综合实力的现实需求。财务管理是企业管理的重要组成部分。通过构建完善的管理会计体系，一方面，可以充分发挥系统化、信息化财务管理的优势，为企业的一系列经营管理活动提供必要的财务信息，确保企业战略发展目标的合理性，提升企业综合实力。另一方面，可以高效组织和控制企业各项经济活动，降低企业的运行风险，提高企业的综合管理水平。

2.强化企业管理会计建设是提高企业经济效益的客观需要。近些年来，目标成本法的理论研究逐步深入，应用于现代企业发展过程中取得了可观的经济效益。基于目标成本法不断改进企业管理会计体系，构建系统化、信息化的预算管理体系，有利于促进企业预算的合理性，从源头上降低企业运行成本，有效达成企业成本控制战略目标，从而提升利润空间，全面提高企业的经济效益。

3.强化管理会计建设是充分发掘企业财务相关价值的有效策略。近些年来，计算机信息技术和大数据处理技术快速发展，基于各种新兴技术创新企业管理会计体系，整合分析各项财务信息，可以使企业财务管理为企业发展创造更加必要的经济价值，从而充分发挥管理会计为企业创造经济价值方面的优势。在经济发展新常态的社会背景下，完善的管理会计体系不仅可以为企业创造管理价值，还可以为企业创造经济价值，使企业内部资源的利用率最大化，从而降低企业的运行成本和运行风险，使企业在激烈的竞争环境中始终保持旺盛的发展活动和发展动力。

（四）从实践角度看，管理会计的对象是作业管理和价值管理的复合

在大数据技术快速发展的过程中，企业管理会计的大数据技术带来的数据信息都需要进行有效的分析，才能更好地帮助企业管理会计进行自己的工作发挥自身职能。但如今企业管理会计面对的问题是无法有效地利用大数据技术带来的数据信息进行分析，对数据信息的利用率较低，无法合理有效地利用现有的数据信息来进行分析和应用。在企业管理会计对大数据带来的信息进行分析时也存在很

大可能丢失了部分重要信息，给信息分析带来了困难，影响到了信息

分析的准确性。但是通过大数据技术在企业管理会计的应用也提高了企业的发展效率，帮助企业进行内部管理控制，提高了企业的运营效率，使企业在持续发展的过程中有效地加强自身在市场中的竞争力，使企业可以更好地利用数据信息来规划自身的发展方向。大数据时代带来的是企业管理会计工作效率的提升，对企业发展有良好的促进，提高了企业管理会计的能力水平，使其可以更加有效地在企业运营活动中做出决策。

三、管理会计目标的改变

（一）为管理和决策提供更加翔实的信息

利用大数据更好地收集信息，分析数据，进而为管理和决策提供有用的信息。在掌握会计核算能力的基础上，提升扩展能力，掌握管理会计学的基本理论、方法和技术，具备利用经济信息进行预测、决策，对经营业务进行控制、分析评价的能力。长期、持续地提高整体经济效益是战略管理会计的基本目标。战略管理会计目标是在战略管理会计网络体系中起主导作用的目标，它是引导战略管理会计行为的航标，是战略管理会计系统运行的动力和行为标准。提供内外部综合信息是战略管理会计的具体目标。

（二）更好地参与企业的经营管理

利用大数据多方位多维度分析企业的经营现状，利用各种数量模型预测企业经营状况，实现对企业的经营管理。强化企业内部经营管理，提高经济效益服务，运用一系列专门的方式方法，收集汇总、分析和报告各种经济信息，借以进行预测和决策，制订计划，对经营业务进行控制，并对业绩进行评价，以保证企业改善经营管理，提高经济效益。通过统计的、会计的方法，搜集、整理、分析涉及企业经营的内外部环境数据、资料；提供尽可能多的有效的内外部信息帮助企业做好战略决策工作。

第三节　管理会计职能的改变

现代管理会计的职能作用，从财务会计单纯的核算扩展到解析过去、控制现在、筹划未来有机地结合起来形成一种综合性的职能。管理会计的五大职能包括：预测、决策、规划、控制、考核评价。随着大数据技术的不断发展，大数据为管理会计活动搭建了更为广阔的数据分析平台，拓展了管理会计的职能，使管理会计成为一种深度参与管理决策、制订计划与绩效管理系统、提供财务报告与控制方面的专业知识以及帮助管理者制定并实施组织战略的管理工具。

一、预测更加精准

预测是所有决策流程的起点，也是难度最大的一个环节。传统管理会计职能较少涉及预测职能，预算工具常常容易被错误地理解成为预测，而预测的真实目的是实现企业资源的优化配置与企业职能的管控。随着大数据技术的不断发展，大数据在管理会计应用领域中的预测领域就显得卓有成效了。通过大数据分析，不仅拓展了管理会计的职能范围，而且能够通过预测深刻改变管理会计其他职能的有效发挥。

目前，企业通过交易行为数据、社区数据、搜索数据、位置数据等信息，区分客户类别，构建数学模型，进而对客户购买行为、客户偏好、客户流失可能、违约风险等进行预测，数据量越大越精确，模型预测越精准，进而可以实施有针对性的促销、管理、风险控制等决策措施。几乎所有的数据密集型企业都在预测领域加大投入，从而提升企业管理效率与运营绩效。譬如，零售业可以通过客户购买行为记录预测未来客户购买偏好可能，从而进行针对性促销和产品推荐；金融业可以利用客户信息甄别客户风险偏好从而推荐不同收益与风险特征的理财产品、识别客户贷款风险并进行精准贷款定价；制造业利用产品使用数据信息预测产品寿命周期和使用状态。

通过预测可提升销量、控制风险、增强客户体验、提高规划控制能力，甚至改变企业决策方式。预测会影响企业营销、生产运营、研究开发等多项具体业务活动，进而影响企业财务活动，包括财务资源配置、投资规划、财务风险管控等多个环节。

二、决策更加准确

大数据的发展对企业决策方式产生重大影响。通过大数据可以收集更多的数据，有效解决传统企业管理中由于数据的缺乏而造成的无法准确决策的问题。管理人员只能依靠日积月累的经验进行判断决策，这导致企业决策方式更加依赖个人，且由于信息传递成本和代理成本的影响，进而对企业决策权的集中程度、决策流程和组织架构产生影响。

在大数据时代，通过历史数据的积累和数学建模、数据挖掘技术等，能够让依赖于经验个人的决策让位于理性的数据决策。譬如贷款不是靠信贷员的判断而是通过模型预测结果来决定是否给予贷款、利率应该是多少；零售店不是靠管理人员判断采购哪些产品、采购多少数量，而是依赖于模型数据分析的结果给出判断依据；定价决策可能不单纯依赖成本，而是结合客户信息特征、偏好与以往购买行为，甚至能够针对每一个客户给出不同的定价。

决策方式的转变使企业更加智能化的同时，由于不同企业掌握的数据类型特征的差异不同，从而使得各个企业能够构建独特的基于自身的核心竞争力，无法被其他企业简单模仿，也不用担心具有丰富经验的员工跳槽给企业带来的损失。当然，这将会给企业管理方式、管理人员在企业中扮演的角色等带来很大转变。

三、规划更加科学

规划是企业选择和制定正确战略的基础，是对未来整体性、长期性、基本性问题的思考和考量。非财务信息是企业进行战略规划的基础，宏观环境、行业竞争度、价值链等非财务信息有助于企业选择正确的战略行动，而大数据技术的应用将有力提升企业在规划方面的能力。利用大数据技术，如网络搜寻、关键字获取等，全面掌握行业环境、价值链等各类关键信息，辅助战略决策；此外，大量运营的非财务数据有助于提升公司投资规划能力，如利用水质监测积累的大数据来提高污水处理企业投资收益分析能力。

根据国际数据公司（IDC）的研究报告，预计 2025 年之前我国将有 500 亿台设备接入互联网。数据传输量的迅猛增加将为会计师和财会专业人士带来"根本性的模式转变"。如何利用大数据是企业执行自身战略、获取竞争优势的一个关键因素，只有充分利用大数据的预测功能，为企业制定科学有效的发展规划，才能有效地帮助企业提高效益，实现价值最大化。

四、控制更加到位

控制是根据企业的计划和事先规定的标准，监督检查各项活动及其结果，并根据偏差或调整行动或调整计划，使计划和实际相吻合，保证目标实现。管理会计中的流程管理和内部控制等，将极大地加强企业对于运营的控制，从而保证运营效率。控制的关键在于事先确定的标准，而明确标准的基础在于对企业研发、采购、生产、营销等各环节关键信息的掌握，尤其是非财务信息数据的积累、分析与应用，是最大限度地改进控制能力、提高企业整体运营效率的关键。

大数据时代强调对企业日常全面经营管理活动进行记录与分析，将对控制效率的提升具有决定性作用。在利用非财务信息进行控制方面，如全面质量管理的基础就是利用统计数据强化对残次品率的控制；成本控制的关键则取决于各项成本信息的细化与分析，从而形成控制的基本标准。没有对日常大量关键非财务信息的存储与分析，要想实现精确控制异常艰难。非财务信息为基础的控制将更具有及时性，能够让企业更快速地采取纠正错误行动的措施。

五、考核评价更加合理

财务会计信息的重要功能之一就是通过财务业绩指标反映受托责任，从而实现外部利益相关者对企业治理的管理目标。作为管理会计，其评价对象不是企业，而是组织内部的个人、分支机构或业务条线；其评价标准不一定是财务信息，而是有赖于大量非财务信息或经调整后的财务信息，以此来规避财务信息评价的缺陷。

目前，大量企业管理控制与评价的标准都来自数据管理，如滴滴对私家车司机的管理控制；上海铁路局 12306 中心完全利用了数据监测系统来全面实施对 300 位员工的日常评价与管理，并据此数据评价确定薪酬体系。大数据时代对评价职能的彻底改变还在于，以往的评价角度更强调内部评价，基于效率与效益角度；大数据时代拥有大量客户评价反馈信息作为评价基准，是从客户价值角度出发给出的直接评价，将进一步完善与拓展现有管理会计业绩评价工具，提升管理会计工具应用水平。

第四节 管理会计主要方法的改变

一、成本性态分析法

该方法是将成本表述为产量的函数，分析它们之间的依存关系，然后按照成本对产量的依存性，最终把全部成本区分为固定成本与变动成本两大类。它联系成本与产量的增减动态进行差量。

（一）特点

成本性态分析就是要用数据处理的办法，对产品成本和业务量之间的关系进行分析，利用数学上的高低点法、散布分布图法和线性回归法等技术，将所有成本划分为固定成本与变动成本两大类，但由于相关范围的存在，成本性态分析通常具有相对性、暂时性和可转化性等特点：

1. 相对性

是指在同一时期内同一成本项目在不同企业之间可能具有不同的性态。这种相对性决定了不同企业都有着区别于其他企业的不同的成本特性。

2. 暂时性

是指就同一企业而言，同一成本项目在不同时期可能有不同的性态。将产品成本划分为固定成本和变动成本的基本条件是"相关范围假定二然而，从长远看，任何一种成本不可能永久地保持不变，也不可能与业务量永久地保持线性关系，传统成本性态划分是传统管理会计目标及行为短期性的体现。此外，传统成本性态将固定成本简单地作短期的期间化处理，淹没了大量的长期性和战略性的重要信息，使企业多项活动的绩效难以真正体现。

（二）成本的分类

按照成本性态，通常可以把成本区分为固定成本、变动成本和混合成本。

1. 固定成本

固定成本是指其总额在一定时期及一定产量范围内，不直接受业务量变动的影响而保持固定不变的成本。固定成本总额不因业务量的变动而变动，但单位固定成本（单位业务量负担的固定成本）会与业务量的增减呈反向变动。固定成本按其支出额是否可以在一定期间内改变而分为约束性固定成本和酌量性固定成本。

2. 变动成本

变动成本是指在特定的业务量范围内，其总额会随业务量的变动而成正比例变动的成本。变动成本总额因业务量的变动而成正比例变动，但单位变动成本（单位业务量负担的变动成本）不变。变动成本也可以区分为两大类：技术变动成本和酌量性变动成本。

3. 混合成本

混合成本就是"混合"了固定成本和变动成本两种不同性质的成本。一方面，它们要随业务量的变化而变化；另一方面，它们的变化又不能与业务量的变化保持着纯粹的正比例关系。混合成本兼有固定与变动两种性质，可进一步将其细分为半变动成本、半固定成本、延期变动成本和曲线变动成本。

通常将在将混合成本按照一定的方法区分为固定成本和变动成本之后，根据成本性态，企业的总成本公式就可以表示为：

总成本＝固定成本总额＋变动成本总额＝固定成本总额＋（单位变动成本 × 业务量）

这个公式在变动成本计算、本量利分析、正确制定经营决策和评价各部门工作业绩等方面具有不可或缺的重要作用。其中，变动成本着重于单位成本水平的管理和控制，固定成本着重于总额水平的管理和控制。

（三）在生产成本管理中的应用

在市场经济条件下，成本是一个客观存在的经济范畴，在以提高经济效益为根本目的的经济管理中发挥着重要的作用。成本是综合反映企业各项工作质量的重要指标，成本直接决定着一个企业经济效益的好坏。随着经济运行过程中各类数据的不断被收集，成本的具体内涵也就被不断地深入。通过大数据来进行数据收集，原本被忽略的一些隐性成本不断被发现。如企业管理中经常提到的员工的定期培训、学历提升等活动，实际都是企业的成本，都应该平摊到生产成本之中。因此，在企业计算总成本时，利用大数据技术分析不同成本的不同特点，可以发现有的成本会随着业务量的增多而增大，而有些成本随着业务量的增多而降低，又有些成本与管理者直接相关，而有的成本与管理者没有直接的关系。因此，要想提高经济效益，就必须区分不同成本的不同性态，分别对待，最大地降低成本。通过成本性态分析，将成本分为变动成本和固定成本两类，对于成本的预测、决策和分析，特别是对于控制成本和寻求降低成本的途径具有重要作用。也正因为如此，成本性态分析在企业生产成本管理中得到极大地应用。

1. 在生产成本控制中的应用

所有成本都可区分为变动成本与固定成本两类，变动成本一般是受消耗定额执行情况的影响，因而控制和降低单位产品的变动成本主要应从控制和降低单位产品消耗量入手。其主要途径通常有：

（1）提高劳动生产率。提高劳动生产率不仅会使生产过程中的活劳动消耗得到节约，促使单位成本中的工资降低；同时，也会使产量增加，从而促进单位产品中的固定费用下降。要提高劳动生产率就必须采用新技术、新设备，提高生产的科学技术水平；合理安排生产，改善劳动组织，建立岗位责任制，提高职工的素质。

（2）编制先进合理的劳动定额和编制定员，制定出勤率指标，利用对行为、态度等数据进行分析从而控制非生产性损失，实行合理的工资制度和奖励制度，努力降低产品成本中的工资费用。

（3）降低材料的消耗，不断降低材料的消耗是降低成本的重要途径。

因为在成本中，材料的消耗量较大，因此，降低材料消耗的潜力很大。通过大数据技术可以采用事前、事中、事后对生产过程可能发生的成本进行模拟、分析，从而在技术上应通过不断改进产品设计，采用新工艺和代用廉价材料，大搞材料综合利用，减轻产品重量和缩小产品体积，从而使材料消耗减少；在管理上，应采用有效的措施，如制定各种消耗定额，实行限额发料制度、材料数量差异分批核算法等，使材料成本不断降低。

（4）努力降低材料采购成本。材料买价控制、材料采购费用控制、确定最优定购批量等。通过历史数据分析，可以有效找出合理的买入时机、库存数量等，有效提高材料的采购成本。

（5）加强现有设备的技术改造，提高生产设备的利用程度。单位产品的固定成本往往同时受产量和费用发生额的影响，所以控制和降低固定成本应从控制并降低其支出绝对额和提高业务量入手。即固定成本要降低，主要靠增大产量。

2.成本定额制订在目标考核中的应用

企业要提高经济效益，降低成本，除了在生产过程中加以控制外，还必须事前制订出合理的成本责任制，使各责任中心明确任务，采取各种有效途径来实现成本降低的目标，并且在期末进行考核。通过数据分析，就可以使制定出的成本目标既有远瞻性，又有可实现性；既综合考虑单位整体目标，又考虑各部门实际。虽然各种成本中既有固定成本，又有变动成本，而在这些成本中，很多固定成本是已成定局的，是各个使用部门所不能改变的，属于不可控成本。不可控成本是指不能由一个责任单位或个人的行为控制，不受其工作好坏影响的成本。成本是否可控并不是固定指什么项目成本而言，而必须同一个具体责任单位或产品联系起来。某项成本对某一责任单位来说是不可控的成本，但对另一个责任单位或产品来说是可控成本。另外，是否可控还必须同成本发生的时间相联系进行考察。利用大数据实现动态的实时数据分析，就可以将成本更加细化。此外，成本可控与否还要视不同层次的权限而定，某些成本从基层领导看是不可控的，而对于高层领导则是可控的。在制订不同责任部门成本目标时就必须考虑有哪些变动成本是该部门可以控制的，又有哪些变动成本与固定成本是既定的，该部门所不能控制的，针对不同情况区别对待，有了数据处理技术就可以使目标对公司与部门双方都有现实性，即都可接受。

（四）大数据技术下成本性态分析应注意的问题

成本性态分析将所有成本通过一定方法划分为固定成本与变动成本两大类，在企业成本管理中具有重大的意义，得到了广泛的应用，但由于与我国传统的财务会计的全部成本法有着较大的区别，在实际应用中也会不可避免地存在着一些问题：

1. 会计人员素质水平与管理者意识不强。数据使用者的能力和意识直接影响到成本划分的正确与否，最终影响到成本的控制管理。

2. 原始资料不足。有些成本资料难以全面获得，因此成本的正确划分与分析也就存在隐患。通过大数据去收集行为数据、态度数据、效率数据……才能更为有效地确定企业的生产成本。

3. 会计信息化数据不够。成本性态分析工作量大，数据分析复杂，很多数据都是根据会计信息化的模块来处理完成的，但不同的会计软件在考虑具体成本时，会因为对成本的理解不同致使成本性态分析的应用范围受到限制。

4. 假设的局限性。一方面，"成本与业务量之间的完全线性关系"的假定不可能完全切合实际。另一方面，如前所述，固定成本与变动成本的成本性态，只要在一段有限的期间和一个有限的产量范围内，才是正确的，如果超过了一定时期或者一定的业务量范围，成本性态的特点就有可能发生变化，使得成本性态分析及其结果的应用必须保持在一定的相关服务内。也正是因为相关范围的多变性，使得成本性态分析只能用于短期分析，而不能用于企业的长期分析。

总之，成本性态的分析在企业管理中的应用是相当普遍的，应用得好是相当有效的，但也应该注意一些问题，使成本性态的分析在企业生产成本管理中发挥更大的应有的作用。

二、本量利分析法

本量利分析是成本—产量（或销售量）—利润依存关系分析的简称，也称为 CVP 分析，是指在变动成本计算模式的基础上，以数学化的会计模型与图文来揭示固定成本、变动成本、销售量、单价、销售额、利润等变量之间的内在规律性的联系，为会计预测决策和规划提供必要的财务信息的一种定量分析方法。本量利分析法是将成本、产量、利润这几个方面的变动所形成的差量相互联系起来进行具体分析，着重研究销售数量、价格、成本和利润之间的数量关系。其核心部分是确定"盈亏临界点"，从动态上掌握有关因素变动对企业盈亏消长的规律性的联系，这对帮助企业在经营决策中根据主、客观条件有预见地采用相应措施实现扭亏增盈，是企业进行决策、计划和控制的重要工具。

（一）本量利分析法的主要内容

本量利分析法包括两个方面内容：一是测算保本点和保利点，二是测算销售数量、销售价格、成本以及与它们相联系的变化对利润的影响（利润敏感性分析）。其前提是成本按成本习性分类，以及采用变动成本法。其基础是本量利各因素间的相互关系：

利润 = 销售单价 × 销售数量 – 单位变动成本 × 销售数量 – 固定成本

其基本假设是：①所有成本均能可靠地划分为变动成本和固定成本；②成本水平不变；③产销平衡；④产品销售组合结构不变；⑤影响本、量、利的因素之间无相关关系。

（二）本量利分析对企业有着重要的作用

1.本量利分析法是应用范围很广

本量利分析法认为利润、成本、量（产量销量）是有直接关系的，通过对企业生产成本、销量等内容进行预测分析，就可以更加准确的的企业的生产、销售做出判断。

2.对企业经营效果进行预测

企业经营效果的好坏，主要表现在利润的多少。企业利润的多少又由销售收入的多少和成本的高低这两个主要因素决定。在企业实践中，本量利分析能够帮助企业明确目标体系，能够促使企业管理人员尽力实现，有利于管理水平的提高。如保本量、保利量的确定可以大大调动员工的积极性。

3.帮助企业找出盈亏平衡点

将成本、产量、利润这几个方面的变动所形成的差量相互联系起来进行分析，其核心部分是确定"盈亏临界点"并围绕"盈亏临界点"从动态上掌握有关因素变动对企业盈亏消长的规律性的联系，这对帮助企业在经营决策中根据主、客观条件有预见地采用相应措施实现扭亏增盈，进而加强企业内部治理、提高企业经济效益。

（三）本量利分析的主要变化

本量利分析主要用于业务量预测、生产决策、定价决策以及全面预算的编制等方面，但在现实经济生活中，成本、销售数量、价格和利润之间的关系非常复杂。例如，成本与业务量之间可能呈线性关系也可能呈非线性关系；销售收入与销售量之间也不一定是线性关系，因为售价可能发生变动。通过数据分析，可以对上述复杂的关系做一些基本假设，由此来提高本量利分析的范围。

1.精确本量利分析的相关范围和线性关系假设

由于有了相关范围和线性关系这种假设，就把在相关范围之外，成本和销售收入分别与业务量呈非线性关系的实际情况排除在外了。但在实际经济活动中，成本、销售收入和业务量之间却存在非线性关系这种现象。随着大数据技术的不断发展，非线性条件下的情况也是会出现的，利用海量数据模拟出非线性方程，在利用大数据的算法就可以利用非线性方程来进行测算，这样就延伸了本量利分析法的适用范围。

2.品种结构更加细化和精准

在一个生产和销售多种产品的企业里，每种产品的销售收入占总销售收入的比重不会发生变化。但在现实经济生活中，企业很难始终按照一个固定的品种结构来销售产品，如果销售产品的品种结构发生较大变动，必然导致利润与原来品种结构不变假设下预计的利润有很大差别。有了大数据的处理技术，就可以使企业管理人员针对不同的产品进行具体分析，通过关注价格、成本和业务量对营业利润的影响，来调整产品定价、产量等策略。

3.真正实现产销平衡

所谓产销平衡就是企业生产出来的产品总是可以销售出去，能够实现生产量等于销售量。在这一假设下，本量利分析中的量就是指销售量而不是生产量，进一步讲，在销售价格不变时，这个量就是指销售收入。但在实际经济生活中，生产量可能会不等于销售量，这时产量因素就会对本期利润产生影响。通过数据的实时监控，将仓储端、流通端、销售端的数据连接成一张信息网，就可以真正实现产销的动态平衡。从动态的角度去分析企业生产经营条件、销售价格、品种结构和产销平衡等因素的实际变动情况，调整分析结论，实现应用动态分析和敏感性分析等技术来克服本量利分析的局限性。

三、边际分析法

边际分析法是经济学的基本研究方法之一，不仅在理论上，而且在实际工作中也起着相当大的作用。具体内容是把追加的支出和追加的收入相比较，二者相等时为临界点，也就是投入的资金所得到的利益与输出损失相等时的点。如果组织的目标是取得最大利润，那么当追加的收入和追加的支出相等时，就实现了最大利润。

由自变量的微量变化所形成的函数的精确变化率，就是边际的概念，在数学上用导数来表现。边际分析的最大特点，是可用来作为确定生产经营最优化目标的重要工具。所以边际的含义本身就是因变量关于自变量的变化率，或者说是自变量变化一个单位时因变量的改变量。在经济管理研究中，经常考虑的边际量有边际收入 MR、边际成本 MC、边际产量 MP、边际利润 MB 等。在管理会计中，运用边际分析的方法的目的是确定企业最优的边际点，使企业管理部门具体掌握生产经营中有关变量联系和变化的基本规律性，从而有预见地采取有效措施，最经济有效地运用企业的人力、物力和财力，实现各有关因素的最优组合。所以大数据技术带了更为精准的算法和数据。

（一）无约束条件下最优投入量（业务量）的确定

利润最大化是企业决策考虑的根本目标。利润（或称净收益）为收入与成本之差，边际利润亦即边际收入与边际成本之差，即：MB=MR−MC。由此可以获得结论：只要边际收入大于边际成本，这种经济活动就是可取的；在无约束条件下，边际利润值为 0（即：边际收入＝边际成本）时，资源的投入量最优（利润最大）。

通过大数据分析，准确找出"HR、MC、MP 等，实现量化分析。

（二）有约束条件下最优业务量分配的确定

对于有约束情形可以获得如下最优化法则：在有约束条件下，各方向上每增加单位资源所带来的边际效益都相等，且同时满足约束条件，资源分配的总效益最优。这一法则也称为等边际法则。当所考虑的资源是资金时，有约束的最优化法则即为：在满足约束条件的同时，各方向上每增加一元钱所带来的边际效益都相等；如果资金是用来购买资源，而各方向的资源价格分别都是常数，有约束的最优化法则即为：在满足约束条件的同时，各方向上的边际效益与价格的比值都等于一个常数。

（三）最优化原则的离散结果

当边际收益大于边际成本时，应该增加行动；当边际收益小于边际成本时，应该减少行动；最优化水平在当边际成本大于边际收益的前一单位水平达到。

（四）强化增量分析

增量分析是边际分析的变形。增量分析是分析某种决策对收入、成本或利润的影响。这里"某种决策"可以是变量的大量变化，包括离散的、跳跃性的变化，也可以是非数量的变化，通过大数据技术对信息的搜集和处理，就可以实现不同技术条件、不同环境下的比较。比较不同决策引起的变量变化值进行分析。

但随着经济水平的不断进步，在应用边际分析法时还需要注意如下复杂因素：第一，现实经济管理问题总是千丝万缕，存在多个变量，必须依靠数据甄别和处理来争取抓住主要变量，并在各个方向上满足边际法则；第二，决策变量与相关结果之间关系复杂，所选取的变量是否得当，必须定量分析与定性分析相结合，并进行方程回归、曲线拟合、显著性检验等检验处理；第三，注意所考虑问题存在各种各样的约束条件和数学工具的应用条件；第四，注意决策问题存在的不确定性和风险。明天永远是未知的，要不断修正决策分析中出现的各种可能。

第六章　管理会计大数据指引企业创新价值链

第一节　管理会计分析指标的选取

我国大多数企业在管理过程中主要以财务指标为主，管理人员通常根据自己的经验判断和个人对企业财务风险的认识进行管理，管理决策的制定主要依赖于管理者能力的高低，具有很强的主观性。本书通过选取企业所有的财务指标，应用数据挖掘的方法分析财务指标之间的相关性，筛选出最具有代表性的财务指标。企业管理会计指标体系主要包括以下四个方面：

一、企业盈利能力指标

企业只有不断地创造价值才可能持续生存下去，企业的盈利能力是企业财务报表中最重要的核心指标之一。企业盈利能力反映的是企业创造利润的能力，只有长期盈利，才可以维持企业正常的运营。企业具有盈利能力，才能够覆盖企业运营的综合成本，才可以防范财务风险以及弥补不确定的损失。一般来说，反映和衡量企业的盈利能力的财务指标主要有如下几种：

（一）净利润率，是指本期净利润与本期销售收入的比率。

（二）毛利润率，是指本期销售收入减去销售成本与本期销售收入的比率。

（三）净资产收益率，是指本期净利润与净资产平均值之间的比率。净资产平均值是指本期期初净资产与期末净资产的平均值。

（四）基本每股收益，是指本期净利润与总股本数的比值。

（五）总资产收益率，是指本期净利润与总资产平均值之间的比率。总资产平均值，是指本期期初总资产和期末总资产的平均值。

在以上指标中，净利润率和毛利润率反映企业在一定时期内销售收入创造的收益水平，利润率越高则表示企业盈利能力越强。净资产收益率反映的是股东权益的收益水平，即股东投资回报。基本每股收益越高表明企业盈利能力越强，反映了股东的每份权益收益越高。总资产等于负债和股东权益之和，总资产收益率反映了债权人和全体股东投入的资金产生收益的水平。总资产收益率越高，表明企业运用总资产的盈利能力越强。通常总资产收益率指标用于同行业之间相对水平的比较。

二、企业偿债能力指标

一般来说，企业偿债能力指标分为长期偿债能力和短期偿债能力。企业偿债能力不足将影响企业正常运营，不仅会增加企业筹集资金的难度与成本，还会影响企业的社会信誉。短期偿债能力指标一般用速动比率、流动比率和现金比率度量，长期偿债能力指标一般用资产负债率和利息保障倍数两项指标度量。

（一）速动比率是指全部流动资产减去存货与流动负债的比率。

（二）流动比率是指全部流动资产与全部流动负债之间的比率。

（三）现金比率是指所有现金加上有价证券与流动负债之间的比率。

（四）资产负债率是指总负债与总资产之间的比率，也称财务杠杆。

利息保障倍数是指企业本期营业利润与利息费用的比率。

企业速动比率越高表示企业速动资产短期内变现的能力越强，反映了企业短期偿债能力越强；流动比率越高表示企业短期偿还债务的能力越强，但是过高可能是因为企业存货积压和应收账款增加。现金比率越高表示企业偿还债务的能力越强，同时反映了企业运用现金资产盈利的能力较弱。资产负债率也称财务杠杆，过高或者过低都不利于企业的健康发展，过高则表明企业长期偿债能力较弱，过低则表明企业不能充分利用资金获利。利息保障倍数反映了企业创造的利润能够覆盖利息费用的情况，利息保障倍数越高表明企业长期偿债能力较强。

三、企业营运能力指标

企业营运能力是反映企业资产周转效率的指标，企业营运能力越强则企业生产和销售等经营环节的速度越快，经营效率就越高，确定利润和收入的时间也就越短。营运能力一般用以下指标衡量。

（一）总资产周转率，是指销售收入净额与总资产平均值之间的比率。

（二）应收账款周转率，是指本期赊销收入净额与本期应收账款平均余额之间的比率。

（三）存货周转率，是指本期销售成本与本期存货平均余额之间的比率。

以上指标是反映企业营运能力的重要指标，总资产周转率越高表示企业经营周转速度越快、营运能力越强，总资产周转率代表企业整体资产的营运水平。应收账款周转率越高表示企业资产流动性越好，营运能力越强，应收账款在企业财务报表中扮演着重要的角色，应收账款越少反映了企业的信誉度越好。存货周转率越高表示企业流动性越强，反映了企业存货资金占用情况较少，减少企业存储成本。

四、企业成长能力指标

企业成长能力是指企业未来发展趋势与发展速度，包括企业规模的扩大，利润和所有者权益的增加。反映企业成长能力的指标如下。

（一）总资产增长率，是指本期总资产增长额与本期期初资产总额之间的比率。

（二）营业收入增长率，是指本期营业收入减去上期营业收入与上期营业收入的比率。

（三）净利润增长率，是指本期净利润减去上期净利润与上期净利润之间的比率。

总资产包括所有者权益和公司负债，总资产增长率越高表明企业在一定时期内资产规模扩张的速度越快，企业的发展趋势越好。营业收入增长率越高表示企业成长速度越快，营业收入的增加来源于企业销售的产品增多和提供的劳动服务增加。净利润增长率越高表示企业成长能力越强。净利润越多，企业的经营效益越好，企业可用于支配的资金越充足。

第二节 基于关联规则算法的管理会计
指标的相关性及模型分析

一、构建风险概念层次树

构建风险概念层次树是建立企业管理会计风险分析模型的关键，企业管理会计风险指标体系包括四个模块，分别为企业盈利能力指标、企业偿债能力指标、企业营运能力指标、企业成长能力指标。在各个模块中分别选取了若干个具体的财务指标。因此整个风险概念层次树分为三个等级，根节点为管理会计风险，是第一层；企业盈利能力、企业偿债能力、企业营运能力、企业成长能力为第二层；在四个模块下面的具体财务指标为第三层，具体包括毛利率、净利润率、应收账款周转率等。

在进行管理会计风险分析的过程中，主要是对低层次的财务指标进行数据挖掘；也可以同时挖掘，通过对低层次财务指标的分析延伸到高层次概念中，最后寻找到企业管理会计风险的等级情况。

二、支持阈值范围下的数据挖掘策略

在对每个层次进行数据挖掘时，需要设立财务指标最小支持阈值。一般的，财务指标层次越低，对应的最小支持阈值越小。在偿债能力指标的分析中，第一层次的最小支持阈值为20%，第二层次的最小支持阈值为10%，第三层次的最小支持阈值为5%。

三、结果输出与解释

通过逐步调整不同层次的支持阈值，运用关联规则算法对企业管理会计风险指标进行数据挖掘，分析比较不同支持阈值下财务指标的表现情况，得到最终的结论。

第三节　以创新为主线的价值链管理会计的结构体系

管理会计的价值链体系需要通过内部创新、横向、纵向三个维度分析。一方面，管理会计作为战略管理的核心，支配着三条价值链的运行；另一方面，三条价值链的共同作用使管理会计形成完整的体系。

三条价值链中各条价值链不是独立的，它们是有机的整体。

内部创新价值链致力于改善公司内部价值，特别是通过创新提升内部价值；横向价值链重点分析在当前环境下企业的主要竞争对手是谁，为了获取市场优势，企业应该如何生产及生产多少；纵向价值链主要分析企业在当前的行业中处于怎样的定位，以及企业所在区域的产业集聚等。三者相辅相成，相互影响，使管理会计形成较为健全的体系，分析流程如表6-1所示。

表6-1 价值链分析流程

	步骤	目的
内部价值链分析	确定企业业务活动	以创新实现内部价值链优化
横向价值链分析	识别竞争对手价值链	依据竞争者的发展战略决定公司的发展
纵向价值链分析	识别产业价值链	产业集聚，以及可持续发展的市场竞争优势

一、内部价值链管理的基本内容

内部价值链是企业价值链管理的开始，我们首先对内部价值链的管理进行分析，它具体由辅助活动和基本活动两方面构成。企业基本活动的目标是不依赖单个活动，产品的价值创造过程是由整条价值链共同参与完成的。例如，企业的财务管理行为试图通过对整个企业资金流的管控实现其管理职能。基本活动管理模式的不同会导致企业生产效率和生产运作方式的不同，同时对价值增值的影响也就不同。例如，如果企业采用了更为先进的信息处理系统，不仅会对产品成本控制具有重要影响，而且对企业管理方法的决策和预测产生较大作用。

辅助活动具体包括：技术研发、投入采购、企业基础管理、人力资源管理等，其中技术研发与创新对企业管理发挥着巨大作用。过去传统的产品设计是依靠经验丰富、专业知识渊博的人员手工完成，目前新产品的设计和研发主要是依靠人工智能，在计算机设计系统的辅助下完成。计算机辅助系统依靠精确的自动计算、自动绘图、自动模拟、易控制、直接控制生产设备加工等优势取代了手工研发市场，而且先进的计算机设计系统能够实现设计工艺与产品生产加工的同步化，节省了大量的人力、物力。为了提高产能、缩短生产周期，企业还可以将非关键技术分派或委托给上下游其他相关企业生产。总而言之，企业如果想要扩大产品市场份额、实现产能优化，就需要着眼于提高资源使用效率，减少非增值作业对资源的消耗。

二、内部价值链的管理会计工具

（一）作业成本管理法

企业如果想要调整生产成本结构以优化价值链，那么首先需要对不同的作业类型进行分类，只有在区分不同的作业类型基础上，才能更好地进行战略调整和产业决策。具体而言，企业需要区分业务活动中的增值作业和非增值作业，对于构成企业核心竞争力的增值作业需要保留并进行强化，非增值作业的处理方法主要有三种：第一种是尽量通过提高效率降低成本等措施将其转化为增值作业；对于无法转化的为了实现成本效益原则，采用第二种方法，将其外包给其他企业或者将其业务活动进行精简；对一些无法精简和外包的，使用第三种方法，将该业务活动消除。企业应当根据业务活动的具体类型，选择适当的优化策略。

总体而言，再造组织、规范制度、集成信息和优化流程是进行作业成本管理法时经常使用的四种具体措施，作业成本法使用的最终目的是实现企业对成本的控制。

(二) 估时作业成本法

企业内部价值链上的每个环节在对资源造成消耗的同时也会产生一定的价值，最终提供给客户的产品上凝结了各个环节的所有价值。但是引起企业管理者关注的是内部价值链上是否存在消耗资源与产生价值的不匹配，每项作业上是否存在资源浪费情况。

美国学者 Kaplan 研究发现，传统作业成本法根据动因追踪成本，从而导致实际使用时无法将产品成本准确地归集到各项作业上。Kaplan 在传统作业成本法的基础上根据实际管理者的估计计算单位作业费用率，提出了估时作业成本法。

其中，作业量是作业中所含的单位作业个数，管理者通过向本单位员工调查或者观察询问来确定完成单位作业需要花费的时间，以此作为上式中的每单位作业耗时。

根据上式，企业能够计算得到每项作业的估时成本。接下来，企业需要将按照估时作业成本法得到的作业成本数与部门实际发生的作业成本总数进行对比，然后分析寻找造成成本差异的具体原因。

如果实际发生的总成本小于估时作业成本法计算得到的成本，则说明企业员工提前完成了价值链上的各项任务，工作效率较高，这种情况下可以对价值链上的员工进行一定的激励措施；如果实际发生的总成本大于估时作业成本法计算得到的成本，则说明存在生产力剩余或员工未完成管理者制定的任务标准，这种情况下需要分析造成效率较低的具体原因并进行适当的改进降低产品成本，以提高价值链管理水平。

总而言之，估时作业成本法相比传统作业成本法更利于进行成本管理，而且能够为内部激励和成本考核提供可靠的决策依据，在企业成本管理中得到越来越多的运用。

三、横向价值链管理

美国学者 Porter 认为，从战略管理的角度，企业的竞争力主要取决于五个因素：供应商的谈判能力、客户的谈判能力、潜在竞争对手的威胁、竞争对手的力量、来自替代品的竞争。其中，替代品、竞争对手、潜在竞争对手是横向价值链管理的主要内容。

竞争对手分析对横向价值链管理具有重要作用，因为企业的经营活动与竞争对手的活动具有直接互动关系，企业活动受到竞争对手影响较大。了解竞争对手经营政策对公司制定自身战略行动具有指导作用。具体来看，需要分析竞争对手在整个行业及行业的细分领域中的市场占有率、竞争对手的利润增长率和产销量增长率、竞争对手的科研能力和产品创新情况、竞争对手的成长性和盈利能力等指标。通过对行业内优秀竞争对手的分析，发现本企业存在的不足，制定有针对性的改进措施。

潜在竞争者是指随时可能进入产品市场的竞争对手，虽然目前尚未涉及该行业。研究发现，新竞争者一般会选择进入壁垒较低或者产品的边际利润较高的行业，因为这类行业存在较大的利润上升空间。企业需要构建一定的市场壁垒来阻止潜在竞争者的进入，常见的市场壁垒除了特许权经营、资质认证、行政许可等行政和法律壁垒外，还有市场政策壁垒、市场结构壁垒等。除了在产品差异化方面设置障碍外，企业还可以采用较低的价格设置新企业的进入障碍，但要保证获得的利润高于设置障碍所需要花的成本。

一个企业要想取得市场优势，不仅要与同一行业的其他企业竞争，而且要与非同一行业的其他生产替代品的企业进行竞争，因为顾客在购买商品时还会在该商品的替代品之间进行权衡，以购买性价比较高的商品。例如，在出行时，顾客不仅会考虑各种不同品牌的共享单车，还会综合考虑公交、地铁等出行方式。一种商品的替代品越多，这种商品的议价能力越弱，因为售价的提高可能导致一个企业甚至整个行业被其他商品替代，因此企业的利润会比较低。不仅一种商品的替代品会对该产品造成影响，而且这种商品替代品的互补品也会给该产品带来间接影响。当企业面临替代品的威胁时，需要考虑如何增加产品附加值或降低产品成本，以使顾客购买该产品获得的效用大于购买替代品的转移成本。

横向价值链的管理会计工具主要有以下几种：

（一）竞争态势矩阵分析

竞争态势矩阵方法是指以企业自身的价值链和企业主要竞争对手的价值链为研究对象，首先选择出影响企业战略决策的多个核心要素，其次根据不同的决策方案对这些要素进行打分并赋予相应权重，最后通过根据计算出的加权分数绘制态势矩阵对企业的竞争战略进行评价。

在具体运用时，该方法的假设条件有：在主要竞争对手的相关信息可以获取的情况下，选定影响企业战略决策的 m 个核心因素。

综上所述，竞争态势矩阵方法从定量的角度对不同决策方案进行了比较，能够有效地减少由于管理者的主观因素对决策方案选择的失误，为企业制定科学合理的投资决策提供了崭新的思路。该方法还能够使企业充分了解同行业竞争对手的发展状况，了解与自身的差距，有利于横向价值链的管理。

（二）实物期权现金流量折现模型

净现值法是企业对拟投资的项目进行资本评估的常用方法，一个项目的 NPV 是其未来可预期的现金流按照风险调整（risk-adjusted）后的贴现利率进行折现的值。

如果 NPV 为负值，则企业应放弃投资该项目，因其将导致公司股东价值下降。使用 NPV 方法遇到的问题是企业在项目初期只能选择投资或不投资两种决策。但是，很多投资项目都含有隐含期权，在与竞争对手进行博弈时，企业拥有追加或放弃投资以及决定投资规模大小的权利，这些权利导致企业可能做出投资期内的战略调整，调整后项目与初期项目评估结果、风险特征等方面会存在大量差异，导致实际净现值与原始净现值产生较大偏差。

实物期权评估模型是将金融资产期权上的风险中性定价原理运用于实物资产期权上的一种可对战略投资进行定量研究的分析工具。它能够在不确定的竞争环境下，对隐含期权的项目进行投资评估。

四、纵向价值链管理

纵向价值链的构成范围比较广泛，从最开始的原材料投入到最终产品价值的实现都包含其中。对产业集聚的研究是纵向价值链分析的重要指标。

在日益激烈的产品竞争中，决定一个企业价值链竞争力的有时不是其具有较强优势的环节，而受限于其相对较弱的环节。制约理论（TOC）认为，任何组织系统均可抽象成一个有着很多环节的链条，"制约"是该链条上最为薄弱的环节，它的存在可能使局部最优而不是整体最优。为了实现纵向价值链的总体最优，首先需要识别价值链上的制约因素。研究发现，制约因素可能来自客户、经销商或供应商。提升产品定位、改善产品质量、降低产品价格等方面可帮助我们解除来源于客户的制约，重新构建纵向价值链可解除来源于经销商和供应商的制约。综上所述，企业应当持续解除和优化价值链条上的制约因素以降低资源浪费，最大限度地确保纵向价值链管理的有效性。

在纵向价值链中，对库存商品成本的高效管理是企业实现预期利润的关键因素。确定合理的订货时间和订货量既可以使企业减少库存商品成本，也有利于上游供应商开展生产活动。为此，我们可以利用美式期权契约模型帮助企业在单一供应商的条件下确定最佳供货量。

　　利用期权契约模型可以使企业在不确定市场消费者需求的情况下决定向供应商要求最佳订货员，能够显著降低企业库存商品 的持有成本。企业通过灵活的选择期权合约的行权时间能够有效控制订货成本和风险状况。同时，供应商根据最佳订货量组织生产能够避免生产过剩造成的资源浪费。总之，实物期权模型能够对纵向价值链上的企业和供应商的供求关系进行灵活调节，实现资源的有效分配。

第七章　信息技术革新下的战略管理会计

随着商业模式的复杂化以及信息技术的革新发展，企业财务逐渐与业务深度融合，会计信息的内涵也逐渐扩大，对企业创新决策的支持作用正在增强。战略管理会计提出 40 多年以来，一直掣肘于企业内外部信息获取与整合的难度。随着新一代信息技术革命的到来，信息处理的精度与速度不断提高，信息化成本逐渐降低，战略管理会计迎来崭新的发展契机。本章基于大数据与战略管理会计的相关理论文献，厘清战略管理会计的发展路径，重构战略管理会计的业务流程，认为大数据背景下战略管理会计未来的发展路径是以量化战略决策为目标，结合大数据运用，构造包含企业内外部信息的综合网络价值流决策支持系统。就中国而言，信息安全与传递、数据分析维度和会计人员转型是现阶段中国战略管理会计发展所需面临的问题。与此同时，区块链技术作为新兴信息技术正在悄然颠覆现有的商业模式，基于分布式存储、开放账本、加密算法等一系列技术所形成的"去中心化"和"不可篡改"两项区块链核心技术特性，令在信息收集与处理方面掣肘战略管理会计发展的瓶颈问题得以解决。本章从区块链核心技术入手，探讨区块链特性对战略管理会计应用的影响，通过分析发现，区块链技术将有效激发战略管理会计在实务上的应用，通过推动信息收集与处理的流程再造，充分支撑企业战略决策。然而，现阶段区块链技术对战略管理会计的应用与发展，在法律约束、信息成本以及保密性三个方面存在一定局限性。

第一节 战略管理会计概念

纵观会计学科的发展，按会计信息使用者的不同，会计学科被分为为企业外部提供财务信息的财务会计与为企业内部提供财务信息的管理会计，而为企业管理层提供战略管理信息以支持其战略决策的会计功能，被界定为战略管理会计。

对于战略管理会计的研究，自 1981 年至今不曾间断，主要集中在对于不同方法的剖析上。包括宏观环境分析、企业价值链分析、企业成本动因分析、目标成本法、竞争对手分析，预警分析等方法，但尚未建立完善的理论体系，更缺乏在企业运营中的实践运用。从战略管理会计包括的内容来看，可将其分为战略管理和管理会计两个部分，前者是战略管理会计服务的对象，后者是战略管理会计的功能。对于战略管理，最具代表性的学者主要包括波特、卡普兰和诺顿，其中：波特在《竞争优势》（1985）中提及价值链分析，认为企业价值是由组织中各活动所创造的，这为企业战略管理会计提供了一个新的角度；卡普兰和诺顿（1996）提出的平衡记分卡和战略地图，进一步解释组织间战略要素之间的因果关系，并且战略管理会计提供与分析的信息目标变得更加清晰。对于战略管理会计，中外学者都认同其是管理会计的延伸，并且高于管理会计，其服务于企业管理层，要求从企业内外通过收集、加工、利用各种相关信息，形成完全不同于财务信息系统的一个独特的会计新信息系统，该系统应为一个信息支持系统，一般具有整体性、长远性、根本性、外部性等特点。然而，尽管战略管理会计具备完美理论设想和发展前景，实务上，由于外部信息可得性较差，针对战略管理会计的研究在没有实务案例的支撑下，尚无法构建成熟的理论体系。

战略管理会计因其信息来源广泛、分析方法复杂且对企业重要战略决策的影响重大而被认为是管理会计学科发展的新方向。然而，战略管理会计概念提出以来，其发展情况并不理想，从学科实务运用上看，虽然全球范围内企业认为战略管理会计在支持企业战略决策上具有重要性的比例达到49%，然而实际上仅有19%的企业开始运用，而在中国的运用比例更低，仅有40家企业实际运用战略管理会计；从学科理论研究上看，现行战略管理会计的理论框架不清晰，分析方法不成体系，理论研究程度不深。

众所周知，会计是一种传递商业信息的语言，支撑战略管理会计的信息渠道不仅来源于企业内部，还来源于整个竞争市场。因此，战略管理会计的理论发展和实务运用很大程度上掣肘于信息获取的成本、速度以及质量。随着互联网及物联网技术的发展，现代社会已然进入"大数据"时代，各类商业信息获取的渠道正在不断丰富，随着云计算及人工智能的运用，信息处理的速度与精确度得到有效保障，信息的传输、储存和处理的成本也在逐渐下降。大数据的发展对各国的经济社会都将起到革命性作用。基于企业内外部信息以服务企业决策的战略管理会计学科，在面对大数据时代掣肘其发展的主要障碍正在弱化，战略管理会计的理论与实务运用正在面临新的发展契机。本章首先通过全面梳理战略管理会计的研究文献，厘清大数据背景下战略管理会计的发展路径；其次，结合大数据的特征，探讨大数据背景下战略管理会计信息流程的构建；最后，结合中国实际，综合分析大数据背景下战略管理会计在实务运用中可能存在的障碍以及解决方案。

第二节　战略管理会计演进历程

综合国内外针对战略管理会计的研究，按照战略管理会计为企业战略决策所提供支撑的信息内涵为主线，可以看出战略管理会计40年以来，基本沿着产品成本、价值链、网络价值流的路径发展。

一、产品成本信息

战略管理会计起源于英国，1981 年 Simmonds 首次提出战略管理会计的概念，认为战略管理会计将企业战略管理与管理会计相结合，不仅为企业决策层提供企业内部管理的各项财务信息，还提供包括竞争者在内整个市场情况的相关信息，以支持企业管理层在投资并购、产品开发与定价、融资安排、风险管理等一系列战略决策。Bromwich 将战略管理会计支持企业决策的信息更为细化，并将其限定在产品成本范畴内，即为企业管理层提供包括自身与市场竞争者在内的产品成本与成本结构的信息。Bromwich 对于战略管理会计信息的界定，很大程度来源于 Porter 竞争战略框架中所描绘的成本领先策略思路，通过企业自身与竞争者在产品成本上的比较分析，支持企业制定恰当的成本领先战略。

二、价值链信息

随着竞争战略范畴的扩大，企业除了需要了解自身和竞争者之间的情况，还需了解包括顾客、供应商、新进入以及生产替代品厂商在内的整个市场情况，所了解的信息也不再限于产品成本，而是包括产品质量、公司治理、潜在市场等更加综合的财务信息，并以"价值链"的方式进行传导，企业的战略管理也进入了价值管理的时代，并强调战略管理会计的整体框架应表现为以市场为导向的策略管理与内部成本管理相结合。

三、网络价值流信息

但价值链信息仍偏重于单个企业内部的信息传递，且在该信息传递模式下,向企业管理层传递的战略决策信息以财务信息为主。随着经济社会的发展,支撑企业战略决策的信息变得更加复杂,不仅包括企业自身与行业内其他相关企业的财务信息,还包括宏观经济、政策环境、企业创新能力、内部控制等非财务信息。战略管理会计将这些内外部财务与非财务信息构成信息网络,形成网络价值流信息,将为企业提供更加全面的决策支撑服务:由于网络价值流信息包含的信息更加综合与全面,战略管理会计将脱离传统竞争战略框架,转向更为灵活的战略决策框架:首先,在企业层面,Bisbe 和 Malagueho 通过实证研究发现战略信息对企业战略制定和实施的影响在企业间具有异质性,每个企业在运用战略管理会计支持其管理决策的过程中,都将结合企业自身的特点设定战略信息框架;其次,在支撑企业决策的信息要素方面,将考虑得更加全面,不仅可将企业所拥有的资源纳入决策支持信息范围,也可将经济增加值(EVA)融入生产系统和绩效管理,还可将企业与合作伙伴之间的独特联系纳入决策信息框架;再次,使用战略管理会计的主体也不再局限于企业,基于网络价值流信息的战略管理会计也可运用在社会公共部门的决策过程以及流行文化事业。

四、战略管理会计的发展瓶颈

根据以上相关文献分析,可以看出,战略管理会计支撑决策制定及战略管理的关键是企业内部与外部的信息,随着战略管理复杂程度的上升,战略管理会计所提供的信息由单一财务信息向财务与非财务信息所构成的网络价值流信息发展。然而现实中,战略管理会计在理论上并未得到充分的发展,在实务上也未能得到有效的推广,主要原因是获取支持企业战略决策的信息存在一定难度。

首先,实务层面获取市场管理方面的外向信息存在难度。由于会计信息系统与客户关系管理系统(CRM)、采购与供应商管理系统(SPM)等外向收集信息的系统常处于割裂状态，导致会计信息系统表现为"信息孤岛"，仅作为企业财务会计用途，对管理会计甚至战略管理会计的信息支撑能力有限。

其次，针对非财务信息的处理难度较大。根据以上分析，支持战略管理的信息，除了财务信息，还应包括非财务信息，二者将共同构成网络价值流综合信息，为分析企业内外部经营形势、判断决策可行性、评估决策绩效提供分析基础。而现行企业管理信息系统在处理非财务信息方面尚不完善。

再次，信息收集与处理的成本较高。企业战略决策的收益若低于信息收集与处理的成本，有关战略管理的信息将变得毫无意义。企业构建包括数据挖掘、数据存储、信息分析等功能在内的信息系统都需要耗费大量资金与人力，这无疑提高了中小企业管理信息化的门槛。

因此，如何以低成本获取更广泛的外向型信息，如何提高多维度综合分析财务与非财务信息的能力，将成为有效突破战略管理会计发展瓶颈的关键。

第三节　大数据背景下战略管理会计的发展与重构

一、大数据背景下的战略管理会计

随着信息科技与通信技术的发展，信息的传输与处理速度在加快，信息存储的容量不断扩大，展现信息的方式越发丰富，信息的精确度在逐渐提高。例如，信息人工智能的发展，令展现丰富信息内容的非结构化数据得以开发利用；分布式存储和加密技术的发展，令信息的存储与传输更加安全。信息技术的快速进步，极大地推动着大数据的发展，根据国际数据资讯（IDC）发布的《数据时代2025》显示，2025年世界大数据量将达到163ZB，将是2016年数据量的10倍，基于企业数据中心和企业云的数据将占总数据量的60%左右，其中85%以非结构化和半结构化数据形式存在。对于会计行业来说，大数据时代的到来将在降低会计信息化成本、提高信息化效率的同时，在一定程度也能促进财务报告信息质量以及管理会计信息质量的提升。基于来源于企业内部与外部的大数据，管理会计师可通过描述性、预测性和规范性数据分析实现有效支撑企业战略管理的目标，回答管理层有关"发生了什么""会发生什么"以及"什么是优化的解决方案"这三个问题。

目前，不论学术界还是实务界，针对大数据背景下会计信息化的研究，还处于萌芽阶段。毋庸置疑，大数据时代的到来将为由于信息困境而处于发展瓶颈的战略管理会计学科，提供一个崭新的发展契机。

二、大数据推动战略管理会计流程重构的思考

过去30多年，企业信息化成本与企业内外部信息的整合难度制约了包括五力分析、PEST、平衡计分卡、战略地图等战略管理工具的有效发挥，战略管理会计的理论框架一直发展缓慢，以至于相关主题的研究文献曾一度处于空白阶段。本章认为大数据的应用，将有效缓解制约战略管理会计发展的瓶颈，并促进战略管理会计的理论发展。以下将通过分析大数据应用对网络价值流的影响，重构战略管理会计的流程。

（一）大数据对网络价值流的影响

1. 推动成本核算精确化

对于基于价值流的战略管理会计来说，不论企业目标是利润最大化还是股东价值最大化，准确计量企业生产经营成本是其核心考虑要素。首先，基于物联网技术的大数据应用将推动成本核算的精确化，例如，信息系统

可从物联网下所有生产运营设备中实时提取价值损耗数据，不仅精确成本驱动因素，也减少财务会计中对成本采用估计测算的成分。其次，针对非结构或半结构化数据分析方法的运用·信息间关联程度得到提高，诸如或有成本的确认概率能得到更加准确的认定。再次，基于大数据下人工智能的运用，企业资源管理计划（ERP）内部各子系统之间信息获取与传输的误差率将大幅下降，提高信息准确程度。

2. 提高价值流信息产生的速度

随着商业经营模式复杂程度以及市场竞争激烈程度的提高，市场商机稍纵即逝，除了战略决策的收益性，决策的及时性也是影响决策成功的关键。因此，迫切需要构造一个基于网络价值流的综合信息数据网络，让决策层更清晰地获取相互印证的相关信息数据，降低检验信息有效性的时间，进而提高战略决策的速度，例如：将大数据运用在链接销售、生产、采购与财务的信息化系统上，令标准化的价值流信息在原本相互割裂的信息系统之间进行传递，降低由于取数口径不同而造成信息失真的风险，减少验证信息的时间；基于大数据下云计算和分布式计算的运用，令信息解析速度大幅提高，缩短数据报告的响应时间，支持企业管理层做出快速反应的战略决策。

3. 非财务信息得以合理量化

根据 Kaplan 和 Norton 基于平衡计分卡的战略地图，支持企业战略决策的信息除了财务信息外，很大部分是由展现客户层面、内部运营以及企业自身学习与成长的非财务信息构成的·由于非财务信息无法量化，造成决策优化过程受到限制。基于大数据下非结构性数据的解析，将逐渐实现非财务信息的量化，例如，利用移动互联网终端，可收集客户使用企业产品的频率以及对产品满意程度等非结构或半结构化数据，通过关联分析、模糊集处理等数据挖掘工具进行解析，实现客户层面非财务信息的量化。非财务信息的量化将促进战略决策会计所处理信息的丰富化，进而提高决策准确程度。

4.丰富企业战略支持的外部信息渠道

根据战略管理会计的发展趋势，支持企业战略的信息不仅来自企业内部，更多将来自企业外部。早在 1985 年，波特在《竞争战略》中提到的五力分析，就将战略决策信息范围在纵向上扩大到供应商和客户，在横向上扩大到竞争者、潜在竞争者和生产替代产品的厂商。然而，基于传统管理信息化，企业与外部信息的接口仅限于纵向上的客户关系管理系统（CRM）和采购与供应商管理系统（SPM），横向信息采集系统基本处于空白，并且企业间商业信息的自我保护，加大了外向型信息的获取难度。大数据时代来临后，随着数据量的膨胀，企业可以从更多信息渠道收集所需的外向型信息，并通过信息之间的相互印证，保障信息有效性。例如，企业在利用大数据收集客户对本企业产品感知的数据过程中，可一并收集竞争者的相关情况，也可基于本企业与上下游企业间的信息流，通过神经网络模型等高效数据挖掘方式，分析竞争者的相关信息，并进行多维度对比，进而更深层次地了解整体市场情况，助力企业战略决策。

（二）大数据背景下战略管理会计的流程重构

本章综合文献分析，认为作为有效服务企业战略决策的战略管理会计，其未来发展的方向在于构造融合内向型和外向型信息的价值流网络，而基于大数据背景下一系列信息技术的运用正加快推动其向该方向发展，并势必颠覆传统战略管理会计的流程框架。整体而言，大数据背景下战略管理会计的发展加强了内部与外部信息的整合，并通过量化分析指标多维度地为管理层提供决策支持。

在传统波特五力分析与卡普兰平衡积分卡的基础上，引入大数据的应用，形成以量化战略决策为目标的战略管理会计流程：首先，在企业内部，基于传统管理信息系统，增加非结构和半结构化信息数据的收集与处理，精确成本驱动因素，推动适时生产系统的应用，联动客户关系管理系统和采购与供应商管理系统，做到精准营销和精准采购；其次，在企业外部，基于物联网、云计算、人工智能等大数据的应用，在传统波特五力分析的基础上，收集面向整个行业有关市场容量、成本差异和产品生命周期等信息，支持企业准确判断宏观经济、行业形势以及竞争对手的策略；再次，基于来自企业内外部结构化、非结构化和半结构化数据，通过数据挖掘与处理，将财务与非财务信息构造成量化的综合网络价值流；最后，基于网络价值流，将战略管理会计打造为综合网络价值支持系统，并以传统平衡积分卡为基础，构造由财务、市场、内部流程和企业文化四个方面组成的量化支持信息系统，最终支持企业管理层展开量化决策。

三、大数据背景下战略管理会计的运用

综上分析，随着大数据时代的到来，战略管理会计将迎来良好发展的窗口期，由于物联网、云计算、人工智能、分布式计算与存储等一系列基于大数据的应用，原先企业内部割裂的信息系统，乃至企业内外部割裂的信息模块都得到有效整合，非结构化和半结构化数据的解析提高了信息的精确程度，并令原先非财务信息得以量化，最终大数据背景下的战略管理会计将演化为支持企业量化战略的综合网络价值流支持系统。

中国真正意义上针对战略管理会计的研究起步较晚，实务运用案例也较少，而大数据时代的到来，令中国与发达国家在战略管理会计的理论研究和实务运用上同处于新的起跑线。近年来，中国将基于大数据的各类运用，已提升至国家战略层面，这对培育战略管理会计提供了良好的发展土壤。然而，中国仍须在以下几个方面进行改善：

（一）为信息安全与传递创造条件

虽然大数据中分布式存储的运用，解决了部分信息安全的问题，然而，电子化信息的安全性仍将作为影响信息价值首要因素。物联网及互联网构

造的信息传递环境，在信息传输、存储及处理过程都产生信息安全风险，因此探索构建更高信任级别的信息安全网络是未来战略管理会计发展的基础环境。同时，战略管理会计支持企业战略决策的关键在于基于综合网络价值流的信息传递，信息传递的速度与质量都将影响决策的准确性。基于此，区块链技术的出现将一定程度上改善信息网络的安全环境以及信息的传输，虽然区块链技术中去中心化的特质与信息集中处理的战略管理会计流程相悖，但区块链加密技术和分布式账本的运用将为战略管理会计网络信息安全和传输提供合理的应用场景。

（二）探索数据分析维度

随着大数据时代的到来，数据量急剧膨胀，令数据分析的难度陡然提高。未来以量化战略决策为目标的战略管理会计，需要更加全面考虑影响优化企业战略决策的各种因素。就中国而言，影响企业战略决策的因素，除了企业内部和市场信息外，还可能包括宏观经济甚至国际政治经济制度方面的因素。例如，2016 年的"福耀集团搬迁事件"引发人们对制度成本的思考，同时这也将战略决策所考察的信息范围拓展到政治制度层面。因此，为有效支持量化决策，战略管理会计仍须探索更全面的价值流数据分析维度。

（三）转变会计人员角色

伴随着人工智能和云计算的运用，财务会计人员原先以会计估计与判断为基础的核算体系将被信息化所替代。2017 年，德勤公司"财务机器人"的出现触发了人们对整个会计行业转型的思考。回望会计的本质与发展历程，我们不难发现，不论信息化与智能化程度有多高，会计为信息使用者提供经济信息的本质不变，变化的仅是处理和展现信息的方式。因此，尽管会计人员的信息披露功能正在弱化，但会计人员依靠信息技术对企业战略决策的支撑功能正在提升。随着大数据的应用，现阶段会计人员对数据与信息化的理解不深刻一定程度上也制约了以量化战略决策为目标的战略管理会计的发展，因此，未来会计人员需要进一步强化其在信息数据处理与分析上的能力。

第四节　基于区块链技术的战略管理会计应用研究

一、区块链技术概述

基于大数据、互联网和人工智能技术的快速发展，信息数据的传输、存储与处理能力在不断提高，成本在逐渐降低，触发了以信息技术为代表的第四次工业革命，社会全要素生产率得到又一次飞跃。随着信息技术的深化发展，信息使用者对数据安全性、保密性与真实性的要求在逐步提高，基于现行中心化的存储与传输技术，虽然能有效提高信息处理的效率并节约计算资源，但是在信息的安全性、保密性与真实性方面·仍然存在重大漏洞。黑客攻击、信息盗取、虚假披露、恶意诈骗等事件层出不穷，引发社会对信息安全的担忧，甚至引发社会诚信危机。根据美国国际商业机器公司（IBM）的总结，每次商业资料外泄的代价是 380 万美元，2016 年度 IBM 因商业资料泄露损失高达 7.5 亿美元，占当年净利润的 6.5%；在医疗信息领域，每一起个人医疗身份诈骗的损失达到 1.35 万美元。

在这个背景下，诞生了一项基于分布式公共网络、点对点传输、共识机制、加密算法等计算机技术的新型应用模式——区块链技术。区块链技术随着比特币于 2012 年在金融领域的运营出现在公众视野中，其底层技术的应用概括了区块链技术最重要的三个特征，即去中心化、不可篡改性、匿名化。区块链的分布式存储使得每个节点都按照块链式结构存储完整的数据，而且每个节点存储都是独立的、地位等同的，依靠共识机制保证存储的一致性。不可篡改性是指各方参与者只能读取和增加新的链条，而不能够改变原本数据的时间和大小。匿名性是指交易参与者的账户信息无法同现实社会身份结合起来，虽然该账户的交易在整个区块链是公开透明的。区块链技术问世至今短短数年，包括中国在内的世界各国都在积极探索其在金融服务、企业管理、市场营销、产业整合、文化教育等各方面的应用，其技术所展现的特征正好吻合现行信息社会对信息安全性、保密性和真实性的要求。

自从 15 世纪数学家卢卡帕乔利发明复式记账体系开始，基于为信息使用者提供商业信息的会计学科得到长足发展，并通过确认、计量、记录和报告四大功能促进了商业经济的繁荣。根据会计信息使用者的角色，会计学科基本分为财务会计与管理会计两类，前者主要为公司外部信息使用者提供有用会计信息，后者主要为公司管理层生成经济决策服务。随着管理会计的发展，一类专门为企业战略管理提供决策信息支持的会计学科即战略管理会计逐渐进入学界与实务界的视野。战略管理会计于 1981 年由英国学者 Simmonds 提出，然而，学术界至今仍未建立完整的战略管理会计理论体系与理论框架，战略管理会计在实务界也未得到广泛应用。究其原因，战略管理会计的发展很大程度上受到信息瓶颈的制约。围绕战略管理会计的功能，可以发现，基于企业信息化系统的构建，企业内部信息已基本满足对于企业日常决策的支持要求。然而，对于企业战略的制定，不仅需要企业内部生产经营决策的信息支撑，更加需要如波特五力分析中所述的企业外部信息的支持，其中包括竞争者、潜在竞争者、客户、供应商以及产品市场的相关信息。在现行商业环境下，企业难以获取对自身战略管理有用的外部信息，或者信息获取成本高昂，超过战略决策所产生的效益。

区块链技术的产生，使战略管理会计所面临的信息瓶颈问题得到突破的可能，由于区块链技术的特性，真实、公平且安全的交易环境得到保障，分布式公开网络的开放性也将成就更加透明的全新营商环境，点对点传输所成就的信息网络化将承载更加丰富的信息资源。尽管千百年来，企业经营者都不愿意自身的底层经营与财务数据被外部信息使用者甚至监管部门所触及，但是基于开放交易链条，企业信息透明与真实所带来的价值得到提升，将触发全新的营商环境的产生。届时，掣肘战略管理会计发展的信息问题将得到解决，战略管理会计将进入一个全新的发展阶段。

二、区块链技术与战略管理会计研究文献综述

随着区块链进入公众视野，学者开始着手对区块链技术的应用研究。刘敖迪等认为区块链具备开放共识、去中心、去信任、匿名性、不可篡改、可追溯性等特点，正好吻合云计算、物联网、移动网络、大数据等新技术条件以及认证技术、访问控制、数据保护等信息安全技术所提出的更高要求。目前，中国正尝试区块链技术在金融领域的应用，宫晓林等（2017）认为基于区块链的不可篡改特性，在金融领域可应用于构建开户、登记、结算和清算系统，并实现消费类资产、实物资产和虚拟服务类资产数字化。此外，监管方面，可建立金融试验区，利用授权型立法模式建构、企业准入门槛设置以及沙箱退出机制构建监管架构，同时重构消费者权益保护机制、监管体制与监管原则。

随着区块链技术的问世，其开放性世界账本的设计理念，令企业获取真实、准确外部信息的可能性提高，战略管理会计将迎来实务运用方面的重要机遇期。目前，区块链技术在实务场景的运用尚处于讨论阶段，对于去中心化带来的观念转变与监管影响，尚无有效的对策，因此，关于区块链技术会计等应用领域的研究才刚刚起步，其与战略管理会计的结合还尚无研究成果。然而，区块链技术的特性势必对发展了五个世纪以来的会计学科造成颠覆性影响。首先，会计信息的质量将得到有效改善。蔡立新等认为现阶段会计信息质量不高是由于在现有商业环境下，会计计量的主观性偏重，无法真实做到实质重于形式，原始单据即企业底层数据的真实性

没有合适的机制予以保证，而区块链技术凭借其本身的特点，基于透明公开的分布式账本，结合智能合约，可以有效解决会计信息的质量问题。其次，会计信息所涵盖的信息量和及时性也能得到有效改善。李旭认为将区块链技术运用在共享账簿中，通过生成和更新流转记录，信息能够得到及时有效的更新和存储，同时，共享账簿拥有可追溯性，加上交易时间戳，可实现在复式记账方式上新增第三个输入项，既丰富财务信息又提高信息的及时性。再次，会计信息的安全性和保密性得到提升。樊斌认为，基于密码学上关于公钥与私钥在区块链技术的运用，令会计信息在传输过程中，避免了被截取的风险，保障了信息的安全性和保密性。此外，在监管审查与审计方面，区块链所基于的分布式账簿，允许企业底层数据信息共享，因此，审查或审计人员能对信息进行更加全面、实时、个性的追踪，进而实现审计效率的提高和审计成本的下降。

随着区块链技术在实务场景运用的不断拓展，掣肘战略管理会计的信息瓶颈问题将逐步得以解决。然而，面对基于区块链技术所形成的全新营商环境、行业业态、商业模式以及监管环境，战略管理会计还须重构信息在收集、处理与支持战略管理方面的流程。本章以下部分将讨论区块链技术中"去中心化"与"不可篡改"特性对战略管理会计流程的影响。

三、区块链技术对战略管理会计流程的影响

(一)"去中心化"特性对战略管理会计流程的影响

分布式存储是区块链技术中最重要的特征，主要表现为：交易是由不同节点共同参与组成的；所有的节点都会记录和存储完整的交易信息；在记录和存储过程中不存在中心化的设备和机构；交易数据实现点对点传输，进而形成网状关系。"去中心化"特性令信息能够及时传递，企业进而获取丰富的交易信息，并快速掌握市场变化以及企业自身的经营情况。目前，

公链、联盟链和私链是区块链技术在企业实操中的三项具体应用，其中，联盟链最适合企业进行改造。联盟链较之公链的完全去中心化，表现弱中心化，虽无法实现匿名性且不能充分保证交易各方的隐私，但是却拥有更强的灵活性和自主性，而且交易的确认只在联盟或机构内部人员间进行，不涉及外围低信任度的信息用户，共识成本能显著降低。

"去中心化"特性之下，企业战略管理会计可实现以下改进：首先，在企业外部，企业应建立以自身为核心的网络关系图谱。参考波特五力模型，将竞争者、潜在竞争者、替代品、供应商和购买者与企业的关系和交易记录等相关信息绘制在同一张区块链图谱中。企业通过综合、深入分析该区块链上与各个交易方的往来和错综复杂的关系，为战略管理提供信息支持。企业与消费者、供应商、同行业的其他公司及其他相关产业的联盟伙伴共同建立联盟链，共享信息，实现双赢。其次，在企业内部，企业应建立以战略为核心的各组织活动网络关系图谱。参照波特价值链分析，将企业的活动分为主体活动（包括原料供应、生产加工、成品储运、市场营销和售后服务）和支持活动（即采购管理、技术开发、人力资源管理）。企业内部可以采用私链记录和传导信息，由于私链仅仅向企业内部开放，用户在使用的过程中无法实现匿名化，这样企业也能有效地监管和控制各个活动的执行情况。企业通过自主定义区块链的共识机制、节点的权限和能力等规则，可提高区块链的灵活性与适用性。本章以工业企业 B2B 销售系统为例，通过剖析"去中心化"特性对企业信息传输与处理的影响，进而考察"去中心化"对企业战略管理会计流程的影响。

传统销售系统下存在两大弊端：首先是程序冗长，每一步信息的传导都需要电子信息和纸质文件的核对，例如订单、出库单等单据的打印，导致销售流程所需要花费的周期变长，而且中途可能还会有人为错误的产生，使得客户流失，降低企业收入。而且为了增强企业的内部控制，各个流程需要相关主管人员的审批，管理冗杂，给企业带来额外的成本，侵蚀企业的利润。其次是风险较高，对于客户信用的审查一旦不到位，会有资金无法回笼或者无法及时收回的危险，也会增加企业的资本成本和管理成本。销售人员可能会为了业绩而虚增销售收入，生成虚假的数据，不利于管理者对于销售业绩的分析，同时也增加了销售成本；或者通过利益输送，造成企业资产流失。

基于区块链技术，上述销售系统流程将产生以下变化：首先，企业在业务开始前，就能与顾客商议销售的各种条约并签订销售协议，约定销售商品的种类、质量、价格、送货方式和日期、优惠、保险、退货、违约责任等等内容。然后，企业将约定的合同编写成代码，上传到区块链，完成全网节点验证，之后一旦顾客下单某种商品，即满足触发条件，后续的一系列出库、送货和财务核算流程可以由智能合约自动执行。这样一来，既不需要管理人员的审核，流程大大简化，而且货款会按照合同的约定，自动划拨到企业的账户，省去了对于货款回收的全部环节，不仅降低了管理成本，而且有利于企业做现金预算管理。其次，自动化、电子化的操作减少了人为操作的可能，降低了企业的内控风险。此外，从顾客下单的那一刻起，企业就能够从数据库里实时更新销售数据，从存货出库、运送，到顾客收货、付款，所有的信息能够及时地查询和监控。一旦销售环节出现了问题或意外，企业人员可以迅速找到是位于哪一个环节出了问题并及时地解决问题。而且企业可以将区块链的信息与企业的 ERP 系统软件结合起来，一些数据指标，例如应收账款周转率、退货率等数据的变化曲线可以自动、实时地显示在企业的电脑里，一旦数字超过了预先设定的警戒线，会自动向管理者发送信息，达到警示的目的，以便管理者在第一时间发现问题。

因此，对比传统流程和区块链"去中心化"特性下改造的 B2B 销售系统信息流程，主要体现为企业信息收集流程扁平化，进而实现信息传递速度提升、风险控制程度加强的目的。

（二）"不可篡改性"对战略管理会计流程的影响

"不可篡改性"是区块链技术基于分布式记账的特征。区块链系统是一个公共开放的账本，每一笔发生在区块链上的交易信息都会向全网发布，每一个节点都会逐一确认，数据之间彼此不冲突后，予以保存。节点将自己接收到的信息形成区块，并且盖上时间戳，提供交易时间的证明，系统全部数据公开、透明地记录在该账本上。如果要修改某个区块的交易信息，必须修改系统中半数以上的节点。因为如果系统发现两个账本对不上，它就认为拥有相同账本数量相对较多的节点的版本才是真实的数据版本。那些少部分不一致的节点账本不是真实的，而是被篡改的账本。系统会自动舍弃这部分认为被篡改过的账本，也就意味着如果要篡改区块链上的数据内容，必须做到能够控制整个系统中的大部分节点（50%以上）。当区块链形成一定规模的时候，分布式记账使得修改大部分节点在技术上是不可能完成的，因此保证了信息的不可篡改性。

区块链上信息的不可篡改性，增加了人们对信息的信任感，而且由于参与区块链的节点都具有相同的信息优势，区块链上的用户有权读取节点上的交易信息，因此大大降低了信息的不对称性，使得交易更加公平，促使更多的用户参与到区块链的构建中。随着用户的增加，交易量也随之增加，数据体量也自然会增加，又增加了修改信息的难度，形成一个正向循环。随着在开放区块链上交易的企业增多，依靠企业之间"不可篡改"的交易，一方面有助于企业收集真实可靠的信息以支持战略管理决策，另一方面，由于链上交易企业间建立的信任感，也令企业之间底层数据逐步透明，企业在收集支持战略管理决策的信息时变得更加便捷。

基于区块链技术的"不可篡改性"，企业将更为便捷地获取更为真实可靠的信息数据，以支撑企业战略管理。当信息来源和信息质量得到解决，在信息处理方面将依靠企业的大数据建设以及基于大数据所整合的企业资源计划系统（ERP）。丰富、真实、可靠的内外部财务或非财务信息通过大数据处理和 ERP 系统，将有效支撑企业的战略管理决策。实务操作上，可根据系统预先设定的各种财务指标以及非财务指标的公式编写软件代码，基于人工智能技术以及数据清洗和数据挖掘技术，探寻信息背后之间的联系，以数据可视化的方式为企业的战略管理提供有效信息，支持企业形成最优决策。

综上所述，区块链技术代表未来新兴信息技术，将推动全新的产业业态和商业模式发展，不仅存在着颠覆包括复式记账法在内各种基础会计核算规则的可能性，还可能因为"去中心化""信息不可篡改性"等特性，使得财务会计、审计鉴证等信息中介服务行业消失，令会计行业的功能从确认、计量、记录和报告，彻底转向支撑企业战略服务。同时，区块链技术将解决约束战略管理会计发展的信息瓶颈问题，彻底激发战略管理会计在实务上的应用空间。然而，区块链技术现阶段还在努力寻找应用场景，"去中心化"的特性给社会带来的无效率、开放账本形成的"不可篡改性"与企业保密性之间的矛盾等都是区块链技术在未来应用上所需解决的问题。当然，现阶段区块链技术在战略管理会计应用上还存在一定局限：

第一，在法律方面，区块链技术的发展受到国家法律的制约，区块链所强调的分布式存储，弱化了国家对于交易的监管，冲击了现有的监管体系。目前，世界各国对于区块链的技术和研究进展和态度不一，但有一个共同点：区块链技术监管的法律法规制度领域仍处于空白阶段，各国缺乏统一的行业规范和标准，这大大增加了区块链技术应用的风险。例如，《中华人民共和国物权法》第一条规定要"明确物的归属，发挥物的效用，保护权利人的物权"，而区块链的一大特点就是用虚拟的区块链账户去交易，使得信息更加隐蔽。倘若用户因为物权上冲突，使得自己在区块链的账户和现实世界的身份结合起来，那么区块链所带来的保护用户隐私的优势不仅荡然无存，还会使之前该用户所有的交易往来公之于众。因此，基于区块链技术所获取用以支撑战略管理决策的信息还需得到法律的支持，若缺失法律支持，所获得的包括竞争者、市场、客户、供应商在内的决策信息可被判定为商业信息泄露。

第二，在开发成本方面，由于区块链技术采用分布式存储，依靠现阶段的信息技术设备，在信息收集、传输与处理过程中存在一定的无效率、不可控制与不可预测性。企业利用区块链技术获取战略管理决策所需的相关会计信息，不仅需要配置昂贵的传输、存储以及信息处理方面的软硬件设备，还需承担因信息收集无效率、不可控和不可预测所带来的时间成本，而支持管理决策所收集的信息成本过高，就将降低信息的应用价值。

第三，区块链存在着信息泄露的可能性。首先，从区块链平台角度来看，共识机制是区块链安全性的重要支撑，从理论上看，共识机制还是存在被突破的可能性，一旦整个链条算力遭到突破，不仅导致企业的交易信息被篡改，还会使得信息使用者对于区块链中所记录的所有信息的真实性产生怀疑，链条中所有存储和记录都将变得一文不值。其次，区块链平台本身的安全性短板可能会导致信息泄露，尤其在区块链应用的最初期，系统容易受到攻击，导致信息的黑市交易，造成商业机密的泄露、虚假信息的传递以及市场秩序的紊乱，极大影响战略管理会计用于支撑决策的信息质量。最后，从区块链技术本身来看，透明的交易系统，令交易信息以公共总账的方式存储，虽然区块链交易主体和真实交易人存在差异，但由于信息透明，仍存在利用数据挖掘攫取商业信息的可能。

第八章　战略管理会计、智能财务发展与企业数字化转型决策

数字化转型是现阶段全球产业发展的重要趋势，对中国而言，丰富的运用场景和快速发展的数字科技将为中国企业提供优越的数字化转型环境，因此，如何利用数字化转型契机实现企业目标将成为中国传统企业实现转型升级的重要战略创新决策。通过业务数字化转型带动企业财务数字化转型成为智能财务发展的初期阶段，但是随着业财深度融合以及"大智移云物区"等数字科技对财务工作的赋能，企业财务管理者开始主动寻求数字化转型，并进一步向战略决策支持延伸。在智能财务发展背景下，战略管理会计对战略决策支持的功能得到显著提升，得到财务数字化转型赋能的战略管理会计也将反过来进一步推进企业数字化转型的成功。

第一节　数字化转型对财务管理活动的影响

一、财务活动模式的数字化转型

参考陈春花等基于共生视角下企业数字化价值成长模式的研究，企业

财务管理活动是企业内部运用活动的重要组成部分。在传统组织模式下，企业财务活动与人力资源管理、研发、采购等活动组成企业运营支持性活动，生产、销售、售后服务等活动组成企业基本活动，两类活动共同创造企业边际利润，即企业价值的创造是由支持性活动和基本活动共同完成的。

然而在企业数字化转型进程中，传统以企业自身为中心的内部营运管理模式将发生改变，逐渐向以客户为中心的内部营运管理模式转变。数字化时代，企业可以利用海量数据和智能算法，不仅有效消除公司内部"信息孤岛"现象，还让公司与客户建立了更加紧密的联系，让公司的研发、设计、采购、生产与售后等环节都与客户紧密联系起来，真正实现以客户为中心的企业运营模式。因此，由于公司运营模式的改变，原本属于支持公司运营的财务管理活动，也需进行转变，进而成为支持公司客户发展或服务客户的数字化支持性活动，最终实现企业价值创造，即财务活动的数字化转型，也称财务数字化转型。

二、财务数据与财务数字化转型应用场景

根据上述企业数字化转型的发展逻辑，为了让财务管理活动更好地支持以客户为中心的数字化价值活动，财务管理活动需要利用数字科技与公司数字化产业活动和数字化业务活动进行深度融合。按照财务信息生成的传统流程，财务信息的生成一般按照业务流程产生，如制造企业产品成本的信息来源于企业生产加工流程，并最终通过管理会计报表予以反映。然而，数字化转型背景下，财务活动若要为支持性活动提供信息支撑，则需要按各类业务场景对象收集数据，即需要从各类生成财务信息的业务流程中获取数据，若公司内部存在大量"信息孤岛"，该支持活动的应用场景依然得不到有效实现。例如，测算柔性制造中客户定制要求的成本，财务支持活动不仅需要从研发、生产、采购、物流等流程获取支持数据，还需要

从外部同类市场获取相应数据。企业数字化转型的过程，不仅将逐步实现各业务模块数据的畅通，还可利用平台化发展思路，使公司与客户、供应商、行业竞争者建立起信息渠道，业财融合模式进一步深化，赋能按场景对象使用数据的财务支持活动。

三、企业数字化转型下会计工作边界的变动

根据以上分析，企业数字化转型将极大提高企业财务活动中获取业务数据的便利性和可靠性，赋能深度业财融合，进而提升财务活动对公司数字化价值创造的支持能力，实现财务数字化转型。因此，在企业数字化转型进程中，传统企业财务工作者的会计工作边界也将发生变化。根据上海国家会计学院智能财务课题研究组的相关研究，企业数字化转型背景下，财务管理活动也面临数字化转型，而此时会计工作边界将向三个方向拓展和延伸，并且会计与业务的边界将逐渐模糊化：首先，由于业财深度融合，传统会计人员的工作边界逐渐向业务人员拓展，将财务工作与业务工作进一步紧密联系；其次，随着企业数字化转型实现对财务数字化转型的赋能，企业会计工作者开始主动寻求更广泛的数字化转型方向，力图通过财务智能化发展反过来实现对企业数字化转型的支持，因此，智能财务将推动会计工作与企业 IT 系统的紧密合作；最后，随着会计工作向公司业务和向公司 IT 方向的拓展，传统会计人员的业务数据分析与 IT 整合能力得到显著提升，由此会计人员除了财务会计的基本职能外，其在管理会计方面对公司战略支持的能力也得到显著强化，因此，数字化转型背景下，企业会计人员的工作边界将逐步向上发展，更多向企业战略决策支撑方面拓展，也可称之为战略管理会计方向。

第二节　智能财务发展与战略管理会计

一、智能财务发展与财务数字化转型路径

根据以上企业数字化转型对财务管理活动影响的阐述，财务数字化转型进程往往落后于公司业务数字化转型，即在公司实施数字化转型战略的初期，受到业务数字化转型的推动，财务活动开始被动地数字化转型。然而，随着人工智能、大数据、区块链等数字科技在财务领域的推广以及业财深度融合，财务管理人员已不再满足于由业务驱动的数字化财务转型，不少知名企业已开始主动寻求财务数字化转型，智能财务的发展进入一个崭新的阶段。

某集团按时间主线梳理的财务智能化发展路径，从 2000 年到 2030 年，财务信息处理手段得到了数字科技的赋能，从简单纸质账本处理会计信息的 V1.0 阶段发展到会计电算化的 V2.0 阶段，再到使用 ERP 进行业财一体化的 V4.0 阶段。在 2020 年左右，不少先进公司已经处于财务共享的高阶自动化，即财务共享 V4.0 阶段。根据科大讯飞集团预计，到 2030 年，财务活动将实现自动化、智能化和数字化。

作为一家致力于人工智能开发与运用的科技型企业，科大讯飞开始打造自身的智能财务运营模板。根据该智能财务框架，科大讯飞利用数据中台、AI 中台、业务中台、技术中台和 M 云后台打造数据集成与技术集成的信息支持平台，进而支持财务作业平台中的管理会计、会计核算和财务共享功能的优化。由于财务作业平台功能的优化，财务信息开始向内部业务信息平台和外部交易管理平台进行延伸，进而实现管理驾驶舱、经营看板、风险预警和模型分析四类智能财务功能，进一步实现对战略决策的支

持作用。

作为致力于财务软件开发的专业公司，金蝶集团针对智能财务的发展给出的路径与某集团类似，但该发展路径更加强调智能财务对公司发展的作用。随着数字科技赋能财务活动，公司财务能力不断提升，对公司发展的作用从最初反馈财务核算信息的功能到提供公司经营分析的多维数据这是目前中国大多数企业财务数字化转型的现状，也叫分析型财务。随着数字科技的赋能加大，财务活动将为公司提供有价值的经营分析预测，成为决策支持型财务；最后，在不远的未来，金蝶预测财务将不再满足于只为公司提供决策支持，财务能力的发展将有效推动商业模式重塑和价值重构，成为价值创造型财务。

微软公司作为全球市值最大的数字科技企业，公司数字科技的优势也成为其财务数字化转型的重要源泉。微软公司将财务活动分为三个阶段，即事务型财务、业务影响型财务和战略型财务。随着　数字技术利用程度提高，数字科技对财务赋能加强，从更广泛的数据自动化处理到更紧密的业务联系，再到更高等级的科技赋能，财务功能逐渐从信息披露到预先洞察，最后实现对战略决策的支持。可以看出，战略制定是目前智能财务发展可预测的最高阶段。

此外，作为中国西部最大的农牧业企业，新希望集团也在构思其财务数字化转型建设发展路径，其建设的第一步在于构建集团统一的财务数字化信息标准，打通公司内部各部门、各业务流程以及各地域子公司的"信息孤岛。进而公司基于统一的数据处理平台，开始致力于为企业业务发展和策略制定提供服务。可以看出，新希望集团认为夯实数据综合支撑体系是财务数字化转型的重要基础，而智能财务发展的最终目标是要推动企业战略决策的优化。

二、财务数字化转型的战略决策支撑功能

从以上科大讯飞、金蝶云、微软和新希望公司对财务数字化转型的发展路径来看，尽管公司业务背景差异较大，但对于财务数字化转型的高阶目标都有相同的认识，即通过财务数字化转型实现企业战略决策支持的作用，并通过数字科技手段，进一步赋能财务活动对于公司战略决策支持作用。从普华永道对于财务转型的报告来看，对于财务管理者工作角色，财务数字化转型将其从原有的"账房先生"转型为"军事参谋"；对于财务活动内容，财务数字化转型后，决策支持的工作内容从9%上升至50%。上述转变将带来工作效率的提高和公司管理成本的节约，财务活动成本将从销售收入的2%—3%，下降至1%。这一切的转变得益于数字科技推动下的信息系统集成、流程重组和增值服务。

与此同时，可以看出，财务数字化转型不仅令会计活动最原始的战略决策支撑功能得到了有效赋能，而且呼应了40年前Simmonds提出的战略管理会计的构思与发展框架。

根据王化成教授2021年在第二十届全国会计信息化年会上提出的企业智能财务框架，未来企业在海量内外部数据基础上，利用人工智能、移动互联、区块链、物联网、财务云等数字技术，将形成支持企业业务发展的"数字化财务"；管理会计的运用和企业资源的投入，令有价值的财务、非财务数据与公司业务深度融合，将形成支持企业战略管理与风险管理的，业务财务"；而由肩负进攻任务的战略管理与防守任务的风险管理构成的"战略财务"是实现企业目标的重要支撑。由此，基于财务数字化转型，智能财务的发展将加快赋能财务活动对企业战略决策的支持作用，换句话说，财务数字化转型将赋能战略管理会计功能的实现。

第九章　大数据下管理会计的未来和方向

第一节　大数据与管理会计的融合发展

一、把握科技前沿，助推大数据发展

（一）研究制定新时期大数据产业发展的顶层规划

"十四五"时期，大数据产业对经济社会高质量发展的赋能作用更加突显，打造大数据产业核心优势、支撑构建以数据为关键要素的新发展模式已成为各方共识。要从全国统筹发展角度，对新时期大数据产业发展进行前瞻部署，明确数据资源管理、数据技术产品协同攻关、数据融合应用、大数据企业主体培育、区域集聚发展、产业生态建设等重点任务和实施路径，创新发展手段，落实任务责任主体和关键举措，充分引导产业供给能力提升，释放产业价值，赋能经济社会发展。

2020 年，随着网络全面普及、大数据技术无处不在、要素广泛连接，数据日益成为经济社会全要素生产率提升的新动力源，数据资源掌握的多寡成为衡量各个主体软实力和竞争力水平的重要标志。同年 4 月，中共中央、国务院发布《关于构建更加完善的要素市场化配置体制机制的意见》，明确提出"加快培育数据要素市场"，进一步强化了数据作为生产要素的重

要性。在政策引领下，企业、高校等多类主体围绕数据资源定价、交易等加强研究和探索力度。

展望 2025 年，随着数据要素可参与分配的政策红利效应释放，政府、企业、社会组织将纷纷参与数据要素市场建设，积极探索数据资产有效运营和价值转化的可行途径。电信、金融等数据治理模式较成熟的行业加速数据运营和服务创新；交通、旅游、医疗、制造业等拥有丰富数据资源的行业深入探索基于大数据的业务变革；政府、民生等领域更加重视大数据平台建设，推动大数据应用成果融入决策、服务于民。大数据要素市场机制建设将成为地方改革重点，为数据在各行业、各业态、各模式中的融通应用和价值释放铺平道路。

（二）强化大数据核心技术创新突破

当今世界，新一轮科技革命和产业变革正在孕育兴起，信息产业格局面临巨大变革。大数据推动下，信息技术正处于新旧轨道切换的过程中，分布式系统架构、多元异构数据管理技术等新技术、新模式快速发展，产业格局正处在创新变革的关键时期，我国面临加快发展重大机遇。

在软硬件方面，国内骨干软硬件企业陆续推出自主研发的大数据基础平台产品，一批信息服务企业面向特定领域研发数据分析工具，提供创新型数据服务。在平台建设方面，互联网龙头企业服务器单集群规模达到上万台，具备建设和运维超大规模大数据平台的技术实力。在智能分析方面，部分企业积极布局深度学习人工智能前沿技术，在语音识别、图像理解、文本挖掘等方面抢占技术制高点。在开源技术方面，我国对国际大数据开源软件社区的贡献不断增大。

展望 2026 年，以大数据为代表的新一代信息技术主导权竞争日益激烈，我国拥有技术能力的企业在大量创造数据应用新场景和新服务的同时，将更加注重基础平台、数据存储、数据分析等产业链关键环节的自主研发，并有望在混合计算、基于 AI 的边缘计算、大规模数据处理等领域实现率先突破，在数据库、大数据平台等领域逐步推进自主能力建设。

围绕数据科学理论体系、大数据计算系统与分析、大数据应用模型等领域进行前瞻布局，加强大数据基础研究。发挥企业创新主体作用，整合产学研用资源优势联合攻关，研发大数据采集、传输、存储、管理、处理、分析、应用、可视化和安全等关键技术。突破大规模异构数据融合、集群资源调度、分布式文件系统等大数据基础技术，面向多任务的通用计算框架技术，以及流计算、图计算等计算引擎技术。支持深度学习、类脑计算、认知计算、区块链、虚拟现实等前沿技术创新，提升数据分析处理和知识发现能力。结合行业应用，研发大数据分析、理解、预测及决策支持与知识服务等智能数据应用技术。突破面向大数据的新型计算、存储、传感、通信等芯片及融合架构、内存计算、亿级并发、EB 级存储、绿色计算等技术，推动软硬件协同发展。

推动大数据技术"固根基、扬优势、补短板、强弱项"。一是优势领域做大做强，提升现有大数据应用分析等技术优势，实现从被动跟随到技术引领的转变。二是前沿领域加强技术融合，进一步加强前瞻布局，推动数字孪生、人机协同、边缘计算、区块链等与大数据技术有效融合，抢抓新兴技术发展先导权。三是补齐关键技术短板，构建产学研协同的创新生态布局，加强大数据计算框架、分布式数据库、图计算引擎等底层技术攻关。

（三）进一步加强工业大数据应用发展指导

一是分行业梳理工业大数据应用路径、方法模式和发展重点，编制工业大数据应用指南，引导企业的工业大数据应用方向。二是加快研究制定科学有效的工业大数据应用水平评估标准，对全国各地及工业企业大数据应用现状、应用水平进行监测、分析和评估，引导地方、企业依据评估标准和结果，循序渐进提升应用水平。三是加快推进工业企业 DCMM 贯标，推动构建以企业为主体的工业数据分类分级管理体系，促进工业数据应用价值有效释放。加强工业大数据基础设施建设规划与布局，推动大数据在产品全生命周期和全产业链的应用，推进工业大数据与自动控制和感知硬件、工业核心软件、工业互联网、工业云和智能服务平台融合发展，形成数据驱动的工业发展新模式，支撑中国制造2025战略，探索建立工业大数据中心。

加快工业大数据基础设施建设。加快建设面向智能制造单元、智能工厂及物联网应用的低延时、高可靠、广覆盖的工业互联网，提升工业网络基础设施服务能力。加快工业传感器、射频识别（RFID）、光通信器件等数据采集设备的部署和应用，促进工业物联网标准体系建设，推动工业控制系统的升级改造，汇聚传感、控制、管理、运营等多源数据，提升产品、装备、企业的网络化、数字化和智能化水平。

推进工业大数据全流程应用。支持建设工业大数据平台，推动大数据在重点工业领域各环节应用，提升信息化和工业化深度融合发展水平，助推工业转型升级。加强研发设计大数据应用能力，利用大数据精准感知用户需求，促进基于数据和知识的创新设计，提升研发效率。加快生产制造大数据应用，通过大数据监控优化流水线作业，强化故障预测与健康管理，优化产品质量，降低能源消耗。提升经营管理大数据应用水平，提高人力、财务、生产制造、采购等关键经营环节业务集成水平，提升管理效率和决策水平，实现经营活动的智能化。推动客户服务大数据深度应用，促进大数据在售前、售中、售后服务中的创新应用。促进数据资源整合，打通各个环节数据链条，形成全流程的数据闭环。

培育数据驱动的制造业新模式。深化制造业与互联网融合发展，坚持创新驱动，加快工业大数据与物联网、云计算、信息物理系统等新兴技术在制造业领域的深度集成与应用，构建制造业企业大数据"双创"平台，培育新技术、新业态和新模式。利用大数据，推动"专精特新"中小企业参与产业链，与中国制造2025、军民融合项目对接，促进协同设计和协同制造。大力发展基于大数据的个性化定制，推动发展顾客对工厂（C2M）等制造模式，提升制造过程智能化和柔性化程度。利用大数据加快发展制造即服务模式，促进生产型制造向服务型制造转变。

（四）破解数据流通机制壁垒

数据流通壁垒林立，使得数据要素市场分布碎片化。受数据中心物理链接不充分、数据流通机制不健全、数据流通意愿不强烈等客观因素的影响，我国各行各业数据壁垒问题普遍，数据要素大多处于小范围共享、局部开放、少量被开发应用的境况，使得数据要素市场难以有效形成。数据流通受限，使得大量的数据"深藏闺中"潜藏价值无法释放。无论是政府还是企业，离数据无障碍流通都有一段较远的路要走。

一是进一步加强国家数据共享交换平台、全国一体化在线政务服务平台和国家电子政务云数据中心等综合性政务数据交换体系建设，引入联邦学习、隐私计算、数据标签等技术，促进政务数据的跨域共享开放。二是探索数据中介、数据代理、数据加工等多样化数据流通服务模式，支撑数据资源汇聚、数据资产管理、数据价值流转、数据产品交易等更多平台服务能力建设，优化数据流通服务生态。三是推进数据的权属、流通、交易、保护等方面的标准和规则制定，建立数据流通交易负面清单，营造可信数据交换空间，保障数据流通的合规性和安全性。

建立多主体数据治理格局，打造数据要素市场生态体系。从构成上来看，数据要素市场体系分为一级市场和二级市场。其中，一级市场为数据开放共享，二级市场为数据交易。从涉及主体来看，数据要素市场涉及政府、个人和企业多个主体。阻碍数据要素市场发展的最大问题是数据壁垒林立，不同主体间数据无法顺畅流通。破解数据壁垒问题，需要建立多方参与的数据治理体系，理清不同主体权责边界，构筑数据在不同主体间有序流通的桥梁，让更多主体参与数据要素市场建设，才能更好地推动数据要素市场发展。

完善数据治理基础性制度，确保数据要素市场规范运行。制度规则是数据要素市场运行的有效依据。当前，数据确权、数据价值评估等不确定因素，一定程度上阻碍了数据要素市场的发展，需要进一步强化数据治理制度建设，以突破数据要素市场培育发展的关键瓶颈。以数据产权为例，由于数据归属不明，使得不同数据的流动范围难以明确，收益分配主体难以确定，数据相关主体的合理权益难以确保，进而阻碍了数据要素市场的规模化发展。此外，数据要素市场准入、数据资产评估、数据交易定价、数据跨境流动、数据安全管理等规则体系也亟待探索建立。

强化数据治理技术自主攻关，筑牢数据要素市场安全底座。只有关键核心技术自主可控，才能夯实数据要素市场安全运行的基础。当前，数据治理工作除了数据汇聚可自动化完成外，其余大量工作都需要人力完成，数据治理技术工具供给较少，实施成本高，重复性工作量大。庞大的数据要素市场空间，需要面向数据资产自动化感知采集、数据自动分级分类、智能化数据质量探查及提升等方面，进一步加强数据治理技术自主研发，支持发展自动化、智能化的数据治理技术，在为数据要素市场发展贡献一批得力技术工具的同时，夯实数据要素市场发展的安全基础。

二、重视大数据技术在会计领域的发展

（一）大数据技术要实现创新突围

大数据技术、产品和解决方案被广泛应用于联防联控、产业监测、资源调配、行程跟踪等新兴领域。百度、众云利用大数据平台优势打造"疫情地图二实现疫情数据实时更新，以及潜在疫情动态监测。电商平台发挥"大数据＋供应链"优势，通过智能调度进行供应链柔性配置，最大程度满足疫区医疗防护物质需求。随着各行业领域大数据应用主体持续增加、应用需求大量激发，国外先进、通用的技术路线越来越无法适应庞大、多元、复杂的融合诉求，与业务特点相匹配的个性化、定制化大数据解决方案日

益受到青睐。以大数据为代表的新一代信息技术主导权竞争日益激烈，我国拥有技术能力的企业在大量创造数据应用新场景和新服务的同时，将更加注重基础平台、数据存储、数据分析等产业链关键环节的自主研发，并有望在混合计算、基于AI的边缘计算、大规模数据处理等领域实现率先突破，在数据库、大数据平台等领域逐步推进自主能力建设。

　　大数据时代对技术创新提出了极高的要求，也为多元化创新提供了可能性。但是从我国目前大数据产业的总体现状来看，主流的大数据核心技术，比如大数据底层技术、分布式存储和计算、高性能数据库等，还是由国外企业主导，拥有大数据核心技术的本土公司还非常少。中国非常需要一批真正耐得住寂寞、扛得住压力、抵得住诱惑的企业潜心研究大数据核心技术，同时也需要国家在政策上给予有针对性的扶持。要充分发挥大数据的作用，企业的信息化建设需进行整合。其整合目标是更加方便、快捷地提供企业内部进行各项经营和投资决策的大数据。企业的财务信息系统、供应链信息系统及其他业务信息系统要进行整合，使得业务数据、客户数据和财务数据能够综合利用，从而为企业进行有效的决策提供相关的管理数据及信息，真正将科学技术转化为企业价值。大数据平台的应用使得管理会计工具的使用成为可能。如用作业成本法来核算成本，利用物联网能够收集到基于作业层面的数据，从而使得有些传统的间接费用变为直接成本。即使间接费用也容易找到分配的因子，从而更好地实现过程控制及成本控制。平衡计分卡需要企业多方面评价绩效，不仅包括财务指标，而且还有客户满意度和市场占有率、学习与成长等多种非财务指标。

　　（二）从实践探索到理念变革，工业大数据应用创新走向纵深

　　在政策和市场的共同作用下，工业企业日益注重大数据在制造全过程、全产业链、产品全生命周期的应用创新。在政策层面，工信部先后发布《工业数据分类分级指南（试行）》《关于推动工业互联网加快发展的通知》《关于工业大数据发展的指导意见》，利用多种手段引导各方协同发掘工业数据应用价值。在企业实践层面，如中策橡胶借助阿里云的 ET 工业大脑，对橡胶密封数据分析优化，实现密炼时长减少 10%、密炼温度降低 10 兀；富士康基于 BEACON 工业互联网平台实时采集精密刀具状态数据，实现刀具自诊断自优化，使刀具寿命延长 15%，坏刃预测准确率达 93%，产品优良率提升超过 90%。大数据在工业领域的应用将从产品级、设备级向产业链级深入拓展，通过工业知识、业务、流程的数据化、算法化、模型化，为整个制造体系装上"智脑"系统，形成动态感知、敏捷分析、全局优化、智能决策的强大能力。这一过程，也是工业企业数据管理意识树立、数据管理能力加快构建的过程，企业将更加重视数据战略与未来发展战略的统筹规划，设立专职数据管理机构，围绕数据治理、数据架构、数据标准、数据质量、数据安全、数据应用、数据生存周期等循序建设，筑牢工业数据创新应用根基。中国大数据产业已经进入良性发展轨道。在应用方面，国内大数据应用向纵深发展，政府、金融、能源、交通等行业已经开始大规模使用大数据技术。

我国是全球第一制造大国，工业大数据资源极为丰富。近年来，随着新一代信息技术与工业融合不断深化，特别是工业互联网创新发展，工业大数据应用迈出了从理念研究走向落地实施的关键步伐，在需求分析、流程优化、预测运维、能源管理等环节，数据驱动的工业新模式新业态不断涌现。在产业方面，分工越来越专业。有的企业做底层的基础核心软件，有的企业做大数据工具，有的企业做大数据行业应用，企业定位日渐清晰，技术能力不断增强。

要坚持全盘布局、系统推进。发展工业大数据是一项复杂的系统工程，既要构建工业大数据采集、汇聚、流通、分析、应用的价值闭环，推动创新发展，也要提升数据治理和安全防护能力，保障发展安全；既要重视在需求侧促进大数据与实际业务深度融合，也要在供给侧推动大数据技术和产业创新发展；既需要在宏观层面加强体系化布局，建立全面系统的工业大数据生态，也需要在微观层面务实着力，提升企业的数据管理能力。

早前在企业级市场，大数据核心软件主要以国外软件为主。基于信息安全的考虑，中国需要自主可控的基础软件。另外，中国企业或者组织数据量非常巨大，应用的复杂度比国外要高一个数量级，也需要用全新的产品来满足自身市场的需求。

（三）从单一技术主体成长到多主体融入，大数据应用趋势加强

大数据领域企业整体呈现多元差异化发展态势。阿里、百度等龙头企业持续深化大数据布局和应用创新，如阿里云分布式数据库 PolarDB 首次进入 Gartner 全球数据库领导者象限，市场份额位居全球云数据库第三位以及中国市场第一位；百度地图时空大数据为成都等地的国土空间规划提供了重要支撑。浪潮、中科曙光、美林数据等基础技术型企业向医疗、电力、能源等领域进一步下沉专业化服务，浪潮集团"基于健康医疗大数据的医养健康创新应用"、中科曙光"面向智慧电力的大数据智能分析平台"、美林数据"基于知识图谱技术的能源企业数据资产管理应用"均入选工信部 2020 年大数据产业发展试点示范项目。字节跳动、滴滴出行等行业融合型企业加快大数据技术能力建设，深耕传媒、交通等传统领域新型数字业务，加速行业数字化变革。大数据独角兽企业增长势头强劲，在海量数据供给、活跃创新生态和巨大市场需求的多重推动下，以龙头企业为引领、专业化服务企业和融合性应用企业联动、独角兽企业兴起的大数据行业竞争格局将进一步明晰，大数据企业创新创业势能将持续增强。

大数据时代，中小企业创新创业须对各种信息进行定量采集、分析挖掘、描述，通过量化的信息互通，使物与物、物与人、人与人之间形成统一的链接，形成协同整合效应，以充分发挥企业资源的最大优势。不仅如此，中小企业还可以通过分析海量结构性和非结构性数据，实现创业与个性化需求对接，更好开拓产品市场。

在寻找创业机遇方面，一方面，大数据技术本身的开发、应用和服务等相关领域，如硬件方面的物联网、服务器、存储、传输和智能移动设备等的生产及软件方面的数据挖掘、数据分析、数据咨询等相关产业的兴起，都能够创造出一些新的市场机会；另一方面，大数据的广泛普及使得创业者并不需要成为一个统计学家、工程师或者数据分析师也可以轻松获取数据，将众多的公共数据或个人数据源聚合和整合，通过分析和洞察，开发出可行的产品，在金融、电信、健康与零售等诸多领域创造出更多的创业机会。

（四）从统筹发展到特色聚焦，大数据与区域经济协同发展向"深"而行

2020 年以 8 个国家大数据综合试验区为引领，京津冀、长三角、珠三角和中西部地区为支撑的大数据区域集聚发展示范效应进一步突显。《中国大数据发展水平评估（2020）》显示，8 个国家大数据综合试验区在全国大数据发展总指数中总体占比达 39%，除内蒙古外，区内各省（市）均位列综合排名前 20，在政策机制、数据资源体系建设、主体培育、产业集聚等方面积累了丰富的实践经验。大数据结合国家重大区域战略、数字经济创新发展、服务贸易扩大试点等政策叠加效应，京津冀、长三角、珠三角、中西部等地区大数据与区域经济协同发展、融合发展日益深化，将持续引领全国大数据发展。未来，6 个数字经济创新发展试验区、28 个服务贸易扩大试点省市（区域）将围绕数据要素价值释放，在新基建、数字政府、新型智慧城市、大数据与实体经济融合、数字货币、数字贸易、区域一体化等方面推动特色发展。

实际上不同的数据拥有方可以从不同的角度来阐释区域产业协同的情况，因为区域产业协同体现在各个方面。大数据可以起到指引的作用。如果一家企业去某地开设了分支机构，这可能是个偶然情况。但是要是很多个同一行业的企业都在那一个地方设立了分支机构，那一定是那个地方有特殊的资源禀赋，那就可以通过大数据找到那个地方的特殊资源以及特征。当再有类似的企业想进行投资的时候，可以引导它找到最合适的选择。

（五）从资源观到资产观，数据要素价值创造成为新蓝图

2020 年，随着网络全面普及、计算无处不在、要素广泛连接，数据日益成为经济社会全要素生产率提升的新动力源，数据资源掌握的多寡成为衡量各个主体软实力和竞争力水平的重要标志。4 月，中共中央、国务院发布《关于构建更加完善的要素市场化配置体制机制的意见》，明确提出"加快培育数据要素市场"，进一步强化了数据作为生产要素的重要性。在政策引领下，企业、高校等多类主体围绕数据资源定价、交易等加强研究和探索力度。随着数据要素可参与分配的政策红利效应释放，政府、企业、社会组织将纷纷参与数据要素市场建设，积极探索数据资产有效运营和价值转化的可行途径。电信、金融等数据治理模式较成熟的行业加速数据运营和服务创新；交通、旅游、医疗、制造业等拥有丰富数据资源的行业深入探索基于大数据的业务变革；政府、民生等领域更加重视大数据平台建设，推动大数据应用成果融入决策、服务于民。数据要素市场机制建设将成为地方改革重点，为数据在各行业、各业态、各模式中的融通应用和价值释放铺平道路。

首先，促进数据要素参与价值创造是贯彻落实党中央系列重要指示精神的重要举措。党的十九届四中全会《决定》指出，"健全劳动、资本、土地、知识、技术、管理、数据等生产要素由市场评价贡献、按贡献决定报酬的机制"。这是党中央首次提出将数据作为生产要素参与收益分配，标志着我国正式进入数字经济"红利"大规模释放的时代。

其次，促进数据要素参与价值创造和分配是推动新旧动能转换的重要支撑。目前，实体经济之所以利润薄、效率低，很大程度上是由于制造业传统生产要素（劳动力、资金、土地、能源原材料、物流等）供应增长受限导致了成本居高不下，同时，整体营商环境等外部交易成本较高也导致了传统动能减弱。通过加大数据作为关键生产要素参与价值创造和分配的力度，聚焦工业互联网数据标识解析、数据资源管理、数据可信交易、数

据安全防护等技术能力提升，可有效促进跨行业、跨地域、跨时空的数据资源汇聚，从而加速工业企业研发设计、生产制造、经营管理、市场营销和售后服务等全流程的智能化转型，进一步推动先进制造业和现代服务业深度融合，实现一二三产业融合、大中小企业的开放融通发展，培育形成新的经济增长点，推动新旧动能接续转换。

第二节　管理会计的发展趋势

一、管理会计思维变革

基于大数据的管理会计思维面临变革，具体表现为：从注重结果分析到注重过程控制和未来规划，从单类型结构化数据支撑到多种类型数据支撑，从各部门相对独立到业务、财务一体化。管理会计的基本职能是解析过去、控制现在与筹划未来。解析过去即事后评价与结果分析，是对财务会计所提供的资料做进一步加工、解构和延伸，更好地满足企业对现在和未来进行控制管理的需要。但结果分析具有滞后性，不便及时调整策略和管控风险，甚至因为这种滞后给企业造成经济损失。因此，大数据时代要求管理会计更加注重事前预测和事中控制，利用实时动态数据及时了解企业经营管理需求，并做出快速反应。

大数据时代，企业面临的市场环境更复杂，管理会计需要更加完整的决策依据，单一的结构化数据支撑已经不能满足需要。管理会计各项职能的发挥要求多种类型数据支持，尤其是非结构化数据对企业经营管理的作用日益显现。管理会计不仅要准确掌握成本、销量、价格、研发等内部信息，也要及时了解行业、市场、竞争对手、供应链等外部信息。这都要依靠非结构化数据的挖掘、加工和分析。

传统的管理会计主要以财务后端数据为依据进行成本管理等活动，且大多以标准成本为核心。但大数据时代和互联网经济下，服务多样化和产品个性化使标准成本完全失效。要精确计算产品成本，就必须按照业务发生逻辑，通过与业务部门建立实时数据对接实现业财融合，提供准确的管理信息。业财融合能够使数据和信息在企业各部门间无障碍流动，促进了企业管理模式的变革，有利于提高经济效益。

管理会计要创新，就必须充分研究和探讨管理会计理论、管理会计方法和管理会计人员的创新思维培养，提高整个行业从业人员的素质，增强管理会计核心价值的提炼，将管理会计的改革之路推向深入。

二、管理会计预测更加精准

（一）预测目标市场，合理配置资源

企业在进入一个新的区域或产品市场前，会通过市场调研分析其可行性。调研工作耗时长、成本高，且调研方法和结果的准确性得不到保证。大数据能够在调研过程中省时省力，以海量数据作为基础的分析结果更加准确。例如想要进入一个地区的房地产市场，可联合移动通信运营商通过检测当地某一时点同时在网人数，获取实际人口规模，再结合该地区当年新房供应量、房价均价、购房者年薪结构等数据，进行市场预判。

（二）预测目标产品，瞄准客户需求

如何生产出满足客户需要的产品，提高市场占有率是每个企业都会关注的问题。目前从微博、微信等社交网站，百度、谷歌等搜索网站，淘宝、京东等购物网站的浏览数据就能轻松判断产品的流行趋势。更有甚者通过支付宝、微信支付等电子货币的消费规模和结构挖掘客户需求。

（三）评价客户信用，预测坏账风险

应收账款能否及时收现关系到企业的收益质量和资金周转。如果能在

借贷关系发生前，充分了解客户情况，评价客户信用，就能准确预测坏账风险，制定合理的信用政策。大数据除了借助传统的财务指标如流动比率评价客户信用之外，如果客户开展在线经营，还能了解客户商品数量变化情况、网络交易平台认证与注册信息、浏览痕迹、贷款对象与客户的交互行为数据等。这些信息帮助企业对客户进行有效的信用评级，提高了应收账款管理水平和风险控制能力。

（四）预测企业外部环境变化，制造消费需求

大数据一方面帮助企业预测市场、产品和客户，另一方面其尖端技术在天气、环境、医疗等领域的应用更加成熟。企业可以通过大数据观测宏观环境的变化，尤其是一些社会热点的发生，并在社会事件发生时向终端消费者选购商品提供建议，从而由挖掘需求向创造消费转变。

传统管理会计所提供的信息更多的是财务信息，而数字化经济时代由于竞争加剧，仅仅依靠基于财务信息加工而成的管理会计信息进行预决策是不够的，必须结合大量非财务信息。例如市场占有率作为非财务信息，它的变化反映了企业竞争地位的变化，在一定程度上代表了未来的现金流入量，从其变化中可以看出企业竞争地位的相对变化，起着财务信息不可替代的作用。

在工业时代，企业所面临的经济环境是一个相对稳态结构，产品生产表现为大批量、标准化，市场需求变化周期较长、个性化特征较少，竞争主要体现在市场占有率高低方面。与此相适应，传统管理会计把注意力集中在企业内部，并主要针对生产经营进行预测分析，通过控制产品生产成本来完成管理会计的目标。进入数字化时代后，由于信息传播、处理和反馈的速度极大地加快，经济环境变化和经济竞争日益激烈，取而代之的是以快速响应顾客需求为导向的实时预测，即时为顾客提供产品或服务，以敏捷制造实现顾客的"零等待"，其目的就是为顾客创造满意，创造价值（降低顾客的成本，提高顾客的收益），使顾客获得更大的效用，由此衍生

企业价值的增长。

由此可见，在数字化经济下，企业的预测更多的是收集关于客户的信息。顾客信息分析包括：顾客群体和构成、顾客购买实力、支付习惯、对竞争的行为参数（产品质量、价格、销售服务、其他因素）的敏感性、需求变化的趋势、对其他产品的互补性、顾客的地理分布等。

三、管理会计向精细化、综合性转型

大数据时代管理会计向精细化、综合性转型主要是指成本控制的应用及参与企业战略管理的转型。运用数据处理对企业成本进行控制，按照"成本对象消耗作业，作业消耗资源"的思想，成本计算对象具有多个层次，更加关注产品形成过程。把直接成本和间接成本计入产品消耗的成本，使得出的完全成本更接近产品的实际成本。通过大数据增加成本分析的层次，不仅是一种成本计算方法，更是一种更加精细化的管理方法。大数据和智能仪器为作业消耗资源数据的有效采集提供了便利，同时能够为某些间接费用的分配找到准确的分配因子。基于作业的精细化管理打破了传统成本法的固有模式，为企业成本控制、预算编制以及定价策略提供了新思路。

大数据使管理会计在企业中的地位得以上升到战略管理和实施层面。企业通过管理会计的数据仓库获取企业内部和外部环境数据进行深入分析，并制定企业战略，又通过数据反馈不断监控战略实施过程，及时发现问题并进行修正和调整，以保证战略顺利实施，企业目标得以实现。管理会计将通过大数据关注生产经营的每一个过程和细节，拥有企业最全面的经营管理资料。

管理会计充分利用自身所掌握的企业财务活动状况，对企业的生产和经营活动进行相应的管理，向企业的决策层提供准确的财务信息，为其决策的科学性提供决策依据，同时对企业的生产和经营活动进行预测和规划，从而确保企业降低财务风险，提高经济效益。精细化管理与传统管理相区别，采用信息化以及专业化的管理手段开展管理活动，从而确保特定的服务对象得到无限度的满足，改变了传统管理理念的粗放的管理方式，更加注重管理活动中的细节以及微观的层面，从而保证了管理活动的高效率和低成本，从而提高企业的经济效益，确保企业在激烈的市场竞争中得到生存和发展。

精细化管理要求企业在管理活动中更加关注细节，将管理活动具体落实到企业生产和经营过程中的每一个环节。精细化管理在企业财务领域的体现就是管理会计，管理会计精细化管理要求其在账务核算的时候保持较高的精度，注重每个环节，管理会计在核算的过程中要将每笔账进行仔细的核算，从而确保自身的职能得到最大程度的发挥。大数据下的管理会计精细化主要是会计在核算的过程中将账务尽可能地进行分解、细化，通过详细的账务可以对企业的生产和经营状况有一个很好的了解。管理会计的精细化是企业管理精细化的必然要求，与其相呼应。

四、会计信息使用环境的改善

管理会计信息系统的开发是一项十分复杂的软件工程，应该有周密的计划、科学的方法和严格的标准。随着互联网、移动 5G、物联网等信息网络的不断发展，要求安全、可靠的通信网络保证会计信息安全迅速地传递。首先，构建云会计信息系统，推动企业全方位实现管理控制。越来越多的企业认识到管理会计的重要性，企业的成本控制、经营决策、战略定位等都要依靠会计信息来决断。会计信息被要求实时、全方位地传输到企业决策者面前，这就需要基于信息技术下的会计信息系统开发，时下流行的财务共享中心、云会计都是未来的发展方向。其次，计算机硬件、相关软件的安全及性能必须得到有力保障，要以防止硬件故障、软件故障、黑客入侵等因素对会计信息的破坏为前提。避免由于外部环境因素导致的系统运行错误。再次，借助大数据技术将企业生产经营的每个环节数据都进行实时监控和测评，以便从不同角度、不同层面整合提炼财务指标和非财务指标数据，以满足企业不同层次的考核需求，使企业的财务控制贯穿整个流程，从而更好地实现企业的发展。

五、加快完善会计规章制度

密切结合我国加快经济结构调整和转变经济发展方式的实际，充分考虑我国会计工作发展需要，加快制定和完善相关会计规章制度中有关会计信息安全的建设。抓紧完善《会计法》《会计基础工作规范》《会计档案管理办法》《总会计师条例》等会计规章以及其他会计规范性文件中对管理会计活动的保障措施；逐步完善适应经济社会发展需要和与国际惯例协调的会计准则和会计制度体系、内部控制规范体系以及管理会计信息化标准体系，并推进全面、平稳、有效实施。

加强宣传教育，营造依法管理会计的法治环境。通过报刊网络等平台及时发布会计法律法规和规章制度、组织开展学习培训、将会计法律法规知识纳入会计人员继续教育、印发宣传读本等有效形式，弘扬会计法治精神，增强会计人员学法、知法、守法的观念和意识，积极引导广大会计人员通过合法渠道反映利益诉求和维护自身权益；通过开展会计法律法规知识竞赛、有奖征文、表彰先进等多种活动，广泛宣传依法管理会计、依法开展会计工作的重要性，增强会计人员的法律素质和诚信意识，营造良好的会计法治环境。

强化执法检查，保证会计法律法规的实施效果。法律的生命在于执行，再完备的法律如果得不到执行，等于一纸空文，甚至比没有法律影响还要坏，其结果不仅会损害法律的尊严，也将损害人民群众的利益，损害政府的权威。因此，必须做到有法必依、执法必严、违法必究。会计法律法规和规章制度是开展各项会计工作的根本保证，各级会计管理部门要依法履行好《会计法》赋予的职责和义务，建立健全会计法律法规监督检查制度，不断探索推进会计法律法规实施的新举措和新方式，加强会计法律法规贯彻执行情况的监督检查，确保会计法律法规的贯彻落实。对违反会计法律法规的行为要严肃处理，加强对违法单位的后续管理和必要教育，针对执法检查中发现的问题，督促有关单位健全制度，加强管理，堵塞漏洞，确保整改工作落实到位。要健全会计执法机构，加强会计执法队伍建设，配备政治素质好、业务水平过硬的会计执法人员，加强执法人员继续教育和业务培训，提高会计执法人员的综合素质。

第三节　管理会计人才的培养

　　管理会计人才是具备管理知识和财务知识的高级人才，对提高企业经济效益和加速经济转型、产业结构调整具有非常重要的意义。中国企业所面对的经济环境已经发生了很大变化。全球性竞争日益激烈，这不可避免地令市场环境趋向产品同质化、技术公开化和渠道透明化。在这种情况下，企业必须依靠提升内部管理的精益化程度来谋求生存和发展。目前中国的经济发展正步入非常重要的关键时期，在经济转型不断深入的过程中，面对以管理会计为代表的高级财务人员严重缺乏的实际情况，国家各级相关部门对以管理会计为代表的高级财务人员的培养做出了积极的努力。由此，作为企业精益化管理的核心内容，管理会计在中国呈现出巨大的发展空间。而市场对管理会计人才的需求，也呈现持续性的快速增长。传统会计学专业出来的学生只关注日常生产方面，虽然也涉及管理会计的内容，但仅局限于执行性管理会计阶段，并不是实现完全的管理会计的功能。大数据技术的发展赋予了管理会计新的使命和内涵，其定义已经提升到战略管理会计阶段，因此管理会计专业技术人才需要与其他领域融合，如与信息经济学、行为科学等学科进行融合与延伸，能够运用专业知识水平对企业的运营决策做出判断，进而给予决策层精准的意见和建议。

一、提高企业对管理型会计人才的重视程度

会计人才是国家人才体系的重要组成部分，会计人才对维护市场经济秩序和会计建设事业的发展起着关键作用。管理会计人才在提高企业管理水平、加速企业发展过程中有着巨大的作用。在加强财务人才能力培养的同时，必须加大对管理会计人才的培养。不仅企业要重视管理会计人才，我国各大高校也要重视管理会计的课程，使会计专业学生认识到管理会计人才的重要性和经济发展对其的大量需求，加大对会计人才的培养。

在大数据时代下，企业需要处理单位内部海量的数据信息，也需要财务人员对会计数据进行高效的处理核算分析，传统财务会计不能够及时地对数据信息进行高效的处理。然而，管理会计在这方面就有相当强的优势，提高数据信息的处理效率。在大数据时代下，企业要提高对数据运算的速度，利用管理会计这一方式来开展企业内部的数据分类，进而使企业内部的财务工作和业务工作更加依赖管理会计模式，确保企业可以对企业经营所需要的各类数据实现精确的分析研究。在当前的数据时代下，高效的数据会切实地发挥出企业内部管理会计的有效职能，在企业开展重要事项的运作期间，要求投资人员作出正确的决策。

首先，企业管理层要充分认识到管理会计人才对企业风险防范与控制、成本与资金控制、绩效管理的积极作用，在企业中建立内部管理会计体系。设立专人专岗，为管理会计人才提供施展才能的平台。将管理会计人才作

为企业战略发展的重要人才来进行储备和培养。其次，建立完善的管理会计人员培养和考核机制。结合企业制定详细的管理会计岗位职责，通过招聘、内部考核选拔等方式录用合格的管理会计人员，对已经任用的管理会计人员进行定期培训制度，不断提高其管理会计的知识水平和能力素质。建立定期绩效考核机制，量化管理会计工作业绩，实行奖惩机制以激励管理会计人员的能力提升。再次，提高企业员工的参与度。管理层鼓励企业员工参与到日常业务决策的过程中，使员工能够主动了解企业的战略定位、市场策略、运营方式等，吸引更多的员工加入到企业管理当中，提高员工参与企业管理的积极性，从而使企业的经营决策更加科学和具体。

二、提高管理会计的学习主动性

对于企业规划来说，管理会计是重要组成部分。有了管理会计，企业领导者可以及时获取相关财务数据内容，为企业战略制定提供保障，促进企业长远发展。为此，企业的高层领导者需要强化自身的管理意识，尤其是要提高管理会计意识。作为一个高层领导者，如果不具备管理会计意识，就不会对企业的未来发展进行预测，在日常决策过程中无法合理调配资源，不能够为企业的良性运行提供有力的决策。企业可以通过领导培训活动，促使领导者认识管理会计的重要性。当其自身的管理会计意识有所提高后，就会带动会计在企业中的发展地位。与此同时，还应该创建企业内部管理会计部门，由专业人员负责日常工作，真正意义上实现财务会计与管理会计职能分离的目标。财务部主要负责会计与资本管理，而管理会计部门主要就是负责计划以及财务绩效评估等，致力于直接为企业的领导者决策提供良好服务。

大数据技术下对会计人员的能力提出了更高的要求，会计人员只有增强自我学习意识，主动适应新形势要求，才能在这场会计改革之中谋得一席之地。具体如下：

（一）积极自主学习。通过会计继续教育、会计职称培训、管理会计师培训等学习方式，掌握管理会计知识，提高职业素养。

（二）立足于实际工作。在工作中积极运用管理会计的理论知识解决实际问题，提高实务能力。

（三）积极总结经验。通过对企业经营过程中的各项成果，分析和判断企业经营过程中存在的问题，通过信息技术模拟推演，验证不同经营策略对企业业绩的影响。

企业也应该注重对会计人员的培养，财务工作者能够提高自身的综合素质，从而为企业的各项决策分析提供真实可靠的依据。另外，财务人员的人际交往能力往往也起着关键的作用，因此，财务人员的交际能力培养也是企业培养的重点工作之一。大数据这一背景是对市场经济不断变化的动态分析。如果不能结合市场经济发展的趋势，就不可以预测企业发展的方向，企业就会被市场逐渐淘汰。企业会计向管理会计的转型，需要在企业的财务工作中强调会计的前瞻性，主要通过以下几个方面来实现。学习与时俱进的企业精神，主要是企业管理者要起好带头作用。

三、高等院校建立专门的管理会计人才培养机制

企业可以和高校一同签订人才培养协议，根据学生具体状况量身定制培养方案，致力于培养大批量符合企业用人标准的专业型人才。定期开展校企合作活动，加强学校与企业之间的协同发展，实现两者的"双赢"局面。企业可以为高校学生提供实践学习机会和实习就业平台，让高校学生有机会进入企业，从内部入手，参与到企业的实际业务中，依据实际项目提高自身水准。同时，企业还可以在现有的财务部门中，调用一批优秀人才走进高校，为高校学生传授相关的理论知识，为高校学生讲解基础知识

以及未来的就业能力要求，令学生可以及时吸收学习新知识，最终为企业做好服务。另外，企业还应该积极创建会计学习平台，对内部会计人才做好培训工作，积极对其进行继续教育，以定期的培训活动提高财务人员的工作能力。采用各种各样的学习模式，通过专家讲座和网络培训等流行方式调动财会人员的兴趣，促使管理会计工作者的理念与知识可以及时更新，最终顺利完成每一项财务任务。企业要为内部财务人员的工作提供保障，不仅要保障其融入全新的学习环境中，还要适当为其展开赛事活动，创建知识分享的平台，通过竞技比赛和论文发表等挑选优秀人才，对其进行重点培养，并且给予充足的奖励，以此调动起工作热情，无形中带动管理会计人才水平的提高。

（一）制定独立的管理会计培养方案。将管理会计与财务会计的培养地位放于平等地位，在人才培养方案中突出管理会计的地位，会使教师和学生对管理会计的重视程度提高，这在很大程度上会提高学生对管理会计能力的掌握，为企业、社会输送高质量的管理会计人力资源。积极寻求管理会计人才培养的其他模式。

上起据下的管理会计变革谋求多种途径、多种方式的培养机制。加强与国际管理会计组织和机构的交流合作，引进先进理念与培养、考核方案。

（二）加强校企合作。在对学生进行理论授课的同时，安排学生进行实地实习，实现产教研学的培养模式，使学生真正参与到管理会计的实务工作中，提高学生在理论与实践中对管理技能和知识的双向提高。

（三）管理会计传统教学模式受到挑战，需要改变思维，进行教学改革，优化管理会计人才培养模式。高职院校应根据产业发展、市场需求，优化会计专业特色，建立管理会计人才培养体系。提高学生管理会计技能，提高学生综合素质，深入推进"互联网+"教育，推动现代化信息技术应用，重塑教育教学形态。加大案例教学力度，培养学生分析问题、解决问题的能力。专业教师不断加强慕课开发和应用型课程改革的力度，推广优质教学资源的共建共享。积极采用财务云共享中心的创新及实践，使会计实践教学实现了模拟仿真、积极开创线上线下实践教学融合教学模式。

四、科学构建管理会计人才体系

将管理会计的知识体系纳入会计人员继续教育范围，严格监管各省市区会计专业人员继续教育学习时对管理会计知识体系的掌握情况，筛选管理会计名师、管理会计领军人才，逐步建立全国范围内管理会计人才框架。

对会计专业技术资格考试及其他会计类从业资格考试进行改革，加入管理会计考查内容，将成本管理、预算管理、战略决策等管理会计知识纳入不同水平的考察范围内，提高会计人员的职业水准。

管理会计是会计发展的大势所趋，加快管理会计人才队伍建设是响应这一趋势的必然选择，通过管理会计人才队伍的建设，不仅可以弥补高端管理会计人才的数量缺口，也为我国经济高质量发展提供了重要的人才支撑，同时还顺应了国际会计人才的发展趋势。

任何企业都应该以"人"为本，而管理会计的人员培养和提高尤其重要，在培养管理会计人员的创新思维方面主要是遵循以下三个方面：首先，视野的创新。管理会计人员应当学会从客观环境中解读企业发展变化，学会从战略角度围绕企业、客户和对手建立起"战略三角"。其次，手段的变革。管理会计人员应该充分掌握价值链分析法或者综合比较法，学会将企业资产从固定资产向无形资产的核算方向发展。最后，观念的变革。管理会计人员应该学会建立以人为本的管理理念，学会和财务管理人员、其他岗位管理人员共同搭建公司的管理系统，加强团队建设，激发员工的创新精神。

企业需要进一步培养管理会计人才的综合素养，加强理论知识教育的同时，稳定提升业务操作水准，并且对其岗位胜任水平进行细致了解，以此为依据创建科学评价体系。以人才评价体系来辅助人才能力框架，争取将管理会计理念落实到管理会计人才培养的每一个环节中，令管理会计人才的工作方式能有所转型。其实企业完全可以多加借鉴西方国家的优秀经验，基于我国基本国情，打造适合企业自身发展的管理会计人才培养体系。大多企业的财务人才普遍为财务会计背景出身，从现有的财务会计人才中择优选为重点培养对象，将其培养为管理会计人才，可以说是一条捷径。对企业现有会计工作人员进行二次教育，甚至是多次教育，致力于通过多次培训增强会计人才的意识，使越来越多的会计人才掌握充足的管理会计知识。

随着企业对管理会计岗位需求量的不断增大，促使我国会计人才普遍掌握管理会计方面的知识，通过反复实践与专业性理论学习，日益具备适应管理会计工作的能力。企业可以借助考试这一方式，令财务人员进行学习。例如，很多财会人员都会参与注册会计师统一考试，该注册会计师考试为业内人才提供了巨大的帮助，从根本上提升了我国财会人员的专业素养。

实际上，为了可以进一步提高我国管理会计人才的业务能力和知识水准，相关部门可以通过改革会计专业技术资格考试的方式，优化管理会计内容，使越来越多的人注重管理会计知识，愿意投入足够多的时间和精力去学习管理会计知识。

参 考 文 献

[1] 赵丽琼，李子媛．大数据时代企业管理会计发展探析 [J]. 合作经济与科技，2023,(23)：148-150.

[2] 刘月，张薇．大数据时代企业管理会计发展与创新策略 [J]. 上海商业，2023,(10)：121-123.

[3] 王丽．大数据时代企业财务会计与管理会计融合发展路径探讨 [J]. 财经界，2023,(11)：105-107.

[4] 冉承强．大数据时代企业财务会计与管理会计融合发展路径探讨 [J]. 营销界，2022,(23)：94-96.

[5] 韩英杰．大数据时代下企业管理会计发展的策略探究 [J]. 大众投资指南，2022,(23)：139-141.

[6] 郭清先．大数据时代企业管理会计发展趋势 [J]. 今日财富（中国知识产权），2022,(02)：73-75.

[7] 陈雪飞．大数据时代企业管理会计的创新发展 [J]. 中国管理信息化，2021, 24 (20)：53-54.

[8] 刘赫冰．大数据时代背景下企业管理会计信息化的未来发展策略 [J]. 中国管理信息化，2021, 24 (19)：69-71.

[9] 庞偌依，魏正泰．大数据时代企业管理会计发展策略 [J]. 质量与市

场, 2021, (18)：88-90.

[10] 闫慧. 大数据时代企业财务会计与管理会计融合发展路径探讨 [J]. 商业经济研究, 2021, (15)：132-134.

[11] 郭子芸. 大数据时代企业管理会计发展趋势 [J]. 中小企业管理与科技 (中旬刊), 2021, (08)：23-24.

[12] 蒋晨晨. 企业管理会计中阿米巴经营体系的应用研究 [D]. 云南财经大学, 2021.

[13] 隋馨. 大数据时代 A 集团的财务共享服务中心问题研究 [D]. 东北财经大学, 2021.

[14] 王程田. 基于价值链的高新技术企业管理会计应用研究 [D]. 西安工业大学, 2021.

[15] 潘晓娟. 大数据时代 XH 电网企业全面预算管理体系的优化研究 [D]. 山东财经大学, 2021.

[16] 兰玲丽. 大数据时代企业管理会计发展趋势探究 [J]. 商讯, 2021, (11)：21-22.

[17] 刘凤佳. 大数据时代企业管理会计发展趋势探讨 [J]. 商业观察, 2021, (08)：88-90.

[18] 晏子仪. 大数据时代下企业管理会计发展趋势探讨 [J]. 今日财富, 2021, (05)：189-191.

[19] 张丽银. 大数据时代企业财务会计与管理会计的融合发展研究 [J]. 全国流通经济, 2021, (05)：159-161.

[20] 陈莎. 大数据时代企业管理会计发展趋势探究 [J]. 财会学习, 2020, (34)：91-92.

[21] 刘沙沙. 大数据时代 C 集团财务共享服务业财融合研究 [D]. 中国地质大学 (北京), 2020.

[22] 黄引芳. 大数据时代企业管理会计发展挑战与对策研究 [J]. 会计师,

2020, (07)：11–12.

[23] 李鸿春，宋丽红 . 大数据时代下企业管理会计的发展问题与对策研究 [J]. 中小企业管理与科技 (上旬刊), 2020, (04)：30–31.

[24] 张晓东 . 大数据时代下企业管理会计信息化发展策略 [J]. 纳税，2020, 14 (07)：65+67.

[25] 林胜华 . 发展机遇——在企业管理中大数据时代对企业会计基础工作影响 [J]. 现代经济信息 , 2020, (04)：95–96.

[26] 刘玉丽 . 大数据背景下企业会计信息质量研究 [D]. 首都经济贸易大学 , 2019.

[27] 于晓阳 . 大数据时代会计信息重构研究：动因、范式与路径 [D]. 首都经济贸易大学 , 2019.

[28] 钟文静 . 基于业财融合的企业管理会计信息系统构建研究 [D]. 西南科技大学 , 2019.

[29] 贺清燕 . 基于价值链的企业管理会计报告体系探讨 [D]. 江西财经大学 , 2018.

[30] 盛高峰 . 面向管理会计应用的大数据方法研究 [D]. 苏州大学 , 2018.

[31] 陈贤彬 . 企业管理会计信息系统构建研究 [D]. 广东财经大学 , 2017.

[32] 王佶卓 . 企业管理会计人才职业能力研究 [D]. 内蒙古大学 , 2017.

[33] 王守文 . 中小企业管理会计存在的问题及对策研究 [D]. 对外经济贸易大学 , 2016.

[34] 姬燕燕 . 论大数据时代对会计和审计的影响 [D]. 对外经济贸易大学 , 2015.

[35] 王洋 . 基于价值管理的企业管理会计理论与方法研究 [D]. 华北电力大学 , 2015.

[36] 刘远 . 建筑施工企业管理会计报告体系应用研究 [D]. 西南财经大学 , 2013.